Bernd Wehren

# Lesen und Schreiben mit Detektiv Pfiffig 4

## Viertklässler nehmen Kurzkrimis unter die Lupe

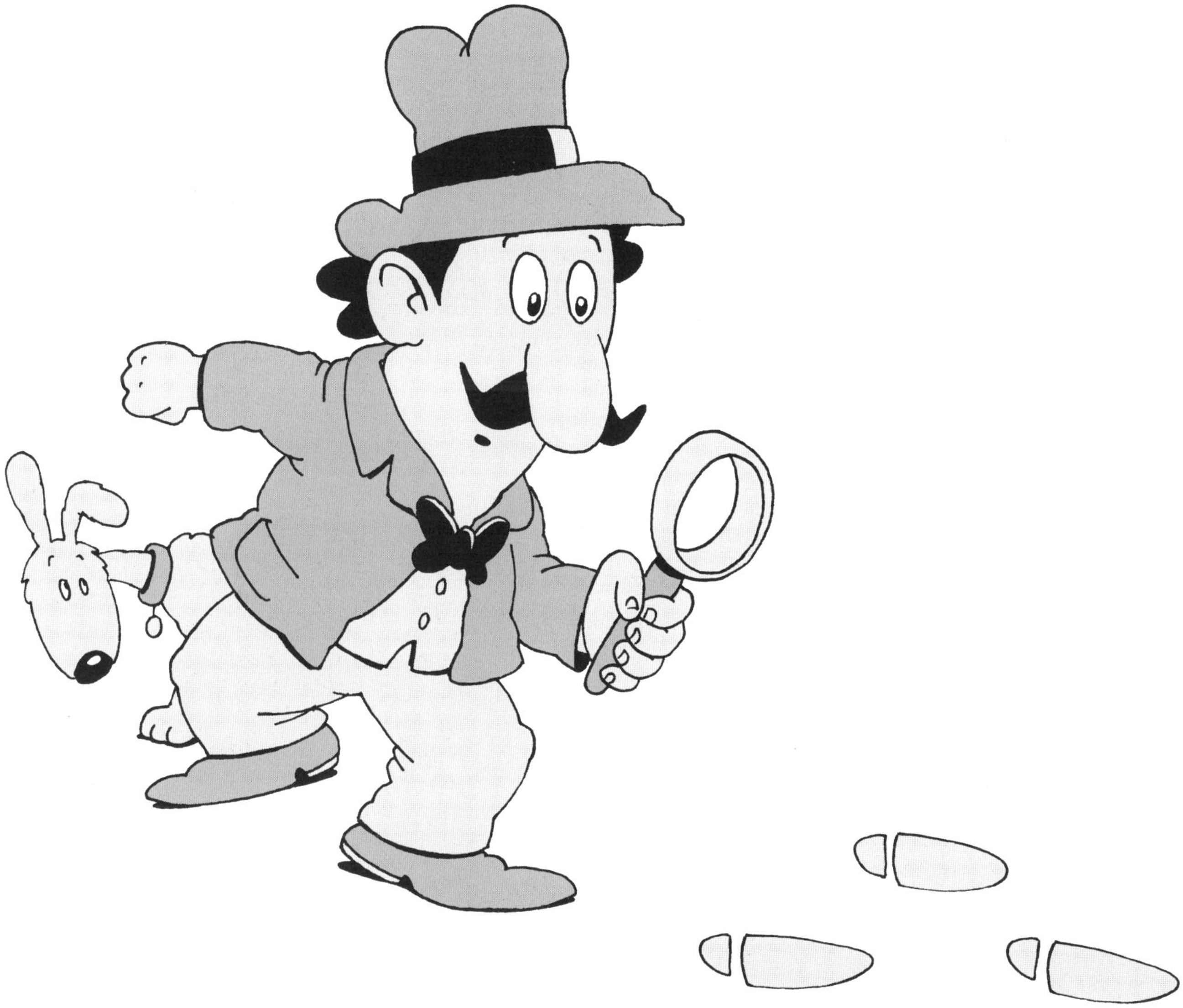

Auer

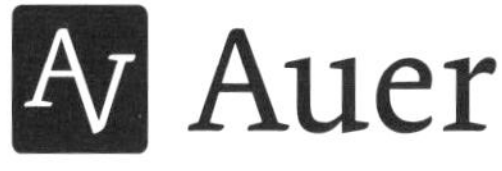

Wir haben uns für die Schreibweise mit dem Sternchen entschieden, damit sich Frauen, Männer und alle Menschen, die sich anders bezeichnen, gleichermaßen angesprochen fühlen. Aus Gründen der besseren Lesbarkeit für die Schüler*innen verwenden wir in den Kopiervorlagen das generische Maskulinum. Bitte beachten Sie jedoch, dass wir in Fremdtexten anderer Rechtegeber*innen die Schreibweise der Originaltexte belassen mussten.

In diesem Werk sind nach dem MarkenG geschützte Marken und sonstige Kennzeichen für eine bessere Lesbarkeit nicht besonders kenntlich gemacht. Es kann also aus dem Fehlen eines entsprechenden Hinweises nicht geschlossen werden, dass es sich um einen freien Warennamen handelt.

5. Auflage 2023


Sind Internetadressen in diesem Werk angegeben, wurden diese vom Verlag sorgfältig geprüft. Da wir auf die externen Seiten weder inhaltliche noch gestalterische Einflussmöglichkeiten haben, können wir nicht garantieren, dass die Inhalte zu einem späteren Zeitpunkt noch dieselben sind wie zum Zeitpunkt der Drucklegung. Der Auer Verlag übernimmt deshalb keine Gewähr für die Aktualität und den Inhalt dieser Internetseiten oder solcher, die mit ihnen verlinkt sind, und schließt jegliche Haftung aus.

Autor*innen: Bernd Wehren
Cover-Illustrationen, Illustrationen Seite 5: Georg Wieborg
Illustrationen: Georg Wieborg, Bettina Weyland
Satz: Fotosatz H. Buck, Kumhausen
Druck und Bindung: Franz X. Stückle Druck und Verlag, Ettenheim
ISBN 978-3-403-**06350**-6

www.auer-verlag.de

# Inhalt

**Zum Konzept** . . . . . 4

**Die Lehrer der Neu-Schule** (Spielfiguren) . . . . . 5

**Fall 1:** Ein fröhliches Wiedersehen in der Neu-Schule . . . . . 6
**Fall 2:** Der Ausflug zum Zoo . . . . . 8
**Fall 3:** Die sieben Kopfnüsse . . . . . 10
**Fall 4:** Zirkus in der Neu-Schule . . . . . 12
**Fall 5:** Schummeln lohnt sich nicht! . . . . . 14
**Fall 6:** Tag der offenen Tür . . . . . 16
**Fall 7:** Die komische Kunstausstellung . . . . . 18
**Fall 8:** Der diebische Schatten . . . . . 20
**Fall 9:** Die „Weihnachtsmaler“ der Neu-Schule . . . . . 22
**Fall 10:** Die kleinen Erfinder . . . . . 24
**Fall 11:** Die Neu-Schule sucht die Superstars . . . . . 26
**Fall 12:** Auktion in Knobelhausen . . . . . 28
**Fall 13:** Das verflixte Zahlenschloss . . . . . 30
**Fall 14:** Das Sportfest an der Neu-Schule . . . . . 32
**Fall 15:** Rätselhafte Punkt-zu-Punkt-Bilder . . . . . 34
**Fall 16:** Schachmatt dem Dieb . . . . . 36
**Fall 17:** Kurzkrimi zum Ergänzen: Das Papier-Puzzle/Die böse Bonbon-Bande/? . . . . . 38
**Fall 18:** Kurzkrimi zum Ergänzen: Der dreiste Diebstahl/Der Schulfest-Schwindler/? . . . . . 40
**Fall 19:** Kurzkrimi zum Ergänzen: Der Verkehrsunfall/Die Fahrradtour/? . . . . . 42
**Fall 20:** Kurzkrimi zum Ergänzen: Die Grusel-Nachtwanderung/Das Gespensterschloss/? 44
**Fall 21:** Kurzkrimi zum Ergänzen: Die rätselhafte Schatzkarte/Der geheime Brief/? . . . . . 46
**Fall 22:** Kurzkrimi zum Ergänzen: Die pfiffige Verabschiedung/Feier mit Folgen/? . . . . . 47
**Lupen-Zusatz-Fall** zum Selbsterfinden . . . . . 48

**Pfiffigs Detektiv-Wörter-Liste** . . . . . 49

**Pfiffigs Krimi-Rezept und Codes & Co** . . . . . 50

**Lösungskarten für die Selbstkontrolle** . . . . . 51

**Detektivausweis** . . . . . 61

**Detektivurkunde** . . . . . 62

**Mini-Kulissen zum Nach- und Vorspielen von Pfiffig-Fällen** . . . . . 63

# Zum Konzept

**Wer ist Detektiv Pfiffig?**

Detektiv Pfiffig wohnt mit seinem Hund Fiffi im Städtchen Knobelhausen. Seit vielen Jahren passt er auf die Grundschüler und Lehrer der Neu-Schule auf, wenn er nicht gerade auf der Jagd nach Verbrechern ist. Detektiv Pfiffig hilft beim Lesen und Schreiben und löst mit Kindern und Lehrern viele kniffelige Fälle ...

Diesen Einführungstext können Sie vorlesen und dabei auch das Bild vom Lehrer-Kollegium der Neu-Schule auf Seite 5 zeigen.

In diesem Pfiffig-Band sollen Ihre Schüler 14 spannende und lustige Kurzkrimis rund um Detektiv Pfiffig, seinen Hund Fiffi und die Kinder und Lehrer der Neu-Schule lösen. Zu weiteren 8 Kurzkrimis können Ihre Schüler kniffelige Aufgaben lösen sowie die Geschichten selbst weiterschreiben und gestalten. Bei allen 22 Kurzkrimis spielen das tägliche Schulleben und Erlebnisse in der Schule eine zentrale Rolle, z. B. Schulveranstaltungen, Ausflüge, Unterrichtsprojekte usw. Die Fälle sind außerdem analog zum Schuljahreskreislauf aufgebaut – angefangen mit den ersten Schulwochen nach den Sommerferien bis hin zu der Verabschiedungsfeier der Viertklässler am Ende des Schuljahres.

Fast alle Kurzkrimis bestehen aus einer Doppelseite:
Auf der linken Seite lesen die Kinder den Kurzkrimi und schauen sich die Bilder an. Die Kinder können die Kurzkrimis auch mit verteilten Rollen vorlesen oder vorspielen. Die Kinder üben so, genau und sinnerfassend zu lesen. Zuletzt lösen sie die Suchaufgabe, die mit der Lösung des Falles in Zusammenhang steht, da z. B. das Diebesgut oder Hinweise auf den Täter in den Bildern versteckt sind.

Auf der rechten Seite bearbeiten die Kinder weiterführende Fragen zum Kurzkrimi, schreiben ihre Antworten auf die Linien und lösen so jeden Fall. Zudem können Ihre Schüler aus drei kleinen Schreibaufgaben wählen und passende kurze Texte dazu schreiben.
Zur weiteren Differenzierung gibt es auf der rechten Seite unten für schwächere Kinder Tipps zu den Fragen mit kleinen Hinweisen, wo sie im Text oder Bild die Lösung finden. Für pfiffige Detektivschüler gibt es zwei Lupen-Zusatzaufgaben, die zum Weiterdenken animieren.

Neben dem normalen Deutschunterricht kann man die Fälle für eine spannende Krimi-Unterrichtsreihe, für Kurzkrimi-Theaterstücke, in der Freiarbeit und dem Wochenplan oder als Hausaufgabe einsetzen, da sich die Aufgaben und das Seitenlayout kaum ändern und mithilfe der Lösungsseiten eine Selbstkontrolle möglich ist.

Praxistipps für den Einsatz der Arbeitsblätter im Unterricht:

1. Man sollte jeden 2-seitigen Fall doppelseitig auf Vorder- und Rückseite eines DIN-A4-Blattes oder auf ein DIN-A3-Blatt vergrößert kopieren. Denn die Kinder müssen den Kurzkrimi der linken Seite vor sich haben, um die weiterführenden Aufgaben der rechten Seite lösen zu können.
2. Mithilfe der Lösungsseiten (Seite 51–61) können die Kinder ihre Ergebnisse selbstständig vergleichen und verbessern. Ist alles richtig, können die Kinder das „Häkchen" in dem Feld „Fall gelöst!" setzen. Es empfiehlt sich, alle Lösungsseiten zu kopieren, zu einem Selbstkontroll-Heft zusammenzuheften, die eingekreisten Beweise rot nachzuzeichnen und im Klassenraum für die Kinder auszulegen.
3. Zu Beginn der Detektiv-Arbeit erhalten alle Kinder einen Ausweis (Seite 61). Dort dürfen die Kinder eine Lupe anmalen, wenn sie den jeweiligen Fall gelöst haben. Mit den spannenden Codes (Seite 50) können Ihre Schüler selbst zu kleinen Detektiven werden.
4. Nach dem Lösen aller Fälle erhält jedes Kind eine Urkunde (Seite 62), die es sammeln kann. Denn es gibt in allen Pfiffig-Bänden je eine Urkunde.
5. Mithilfe der Kurzkrimi-Blanko-Seite (Seite 48), der Detektiv-Wörterliste (Seite 49), den Spielfiguren (Seite 5), den Mini-Kulissen (Seite 63 und 64) und des Krimi-Rezeptes (Seite 50) können Ihre Schüler eigene Kurzkrimis malen, verfassen und spielen. Alle Schüler-Krimis können Sie zu einem Klassen-Krimibuch zusammenbinden.
   Auch als Aufsatz-Thema bietet sich ein „Pfiffig-Krimi" an.
6. Eigene und bekannte Pfiffig-Fälle (auch aus den anderen Pfiffig-Bänden) können die Kinder mithilfe der Spielfiguren (Seite 5) und den Mini-Kulissen (Seite 63 und 64) Eltern und anderen Klassen vorspielen.

Viel Spaß und Erfolg mit Detektiv Pfiffig wünscht Ihnen und Ihren Schülern
Bernd Wehren

# Die Lehrer der Neu-Schule (Spielfiguren)

**1. Schneide die Figuren an den gestrichelten Linien aus. 2. Knicke sie an den gepunkteten Linien.**

**3. Spiele bekannte und eigene Pfiffig-Fälle nach und vor.**

Zur Verwendung als Spielfiguren bitte im Verhältnis zu den Kulissen ab S. 63 vergrößert kopieren.

**Fall 1**

# Ein fröhliches Wiedersehen in der Neu-Schule

Ein kleiner Hund mit weißem Fell und braunem Halsband saust auf den Pausenhof der Neu-Schule im Städtchen Knobelhausen, springt hin und her und bellt: „Wau! Wau! Wau!" Dem Vierbeiner folgt ein Mann mit Schnauzbart. Wie immer trägt er seine Markenzeichen: eine schicke Fliege und einen braunen Hut. „Da kommen Detektiv Pfiffig und sein Hund Fiffi!", rufen die Grundschüler, die soeben ihre zweite Hofpause haben, und begrüßen die Spürnasen mit lautem Jubel. Auch Pfiffig ist über das Wiedersehen erfreut: „Hallo, liebe Kinder! Es ist schön, euch wiederzusehen. Ich hoffe, ihr hattet tolle Sommerferien." Umringt von kleinen und großen Schülern, versuchen sich Pfiffig und Fiffi einen Weg durch die Menge zur Schule zu bahnen.

„Warum schreien und grölen die Kinder so laut?", fragt sich Kurt Kehrblech in seinem Werkraum, steht auf und begibt sich mit seinem Schulhund Flecko zum Haupteingang der Neu-Schule. Als sich die beiden Freunde sehen, nehmen sie sich freudestrahlend in die Arme. „Eine schöne Überraschung! Du hättest mir auch mitteilen können, dass du eher aus deinem Urlaub zurückgekehrt bist. Da werden die Lehrer Augen machen, wenn sie dich sehen."

Kurt Kehrblech öffnet die Tür des Lehrerzimmers: „Was schätzt ihr, wer uns heute besucht?" Als der bekannte Meisterdetektiv seinen Kopf durch die Tür steckt, geht ein fröhliches „Ahh" und „Ohh" durch das Lehrerzimmer. Alle Lehrerinnen und Lehrer der Neu-Schule stehen auf und schütteln seine Hand, klopfen ihm auf die Schulter und umarmen ihn: Direktorin Dalli-Dalli, Karl Komma, Maria Millimeter, Gitti Gitarre, Leo Lupe, Konrektor Zacharias Ziffer, Edgar Engel, Pia Pinsel, Moni Mut und besonders sein Freund Ecki Eckstoß. Auch Sekretärin Tina Tippi und Schulköchin Berta Brühe sagen: „Hallo!" Und Fiffi bekommt von der Köchin einen leckeren Knochen.

Leider wird die ausgelassene Stimmung jäh unterbrochen, als die Schülerin Wilma Winsel aus der 4a die Lehrerzimmertür aufreißt und losheult: „Wäääh! Jemand hat mein Souvenir aus meinem Australien-Urlaub gerade gestohlen!" „Vielleicht hast du es draußen verloren, als Detektiv Pfiffig gekommen ist", versucht Klassenlehrerin Gitti Gitarre sie zu beruhigen. Aber auf dem Schulhof können die Lehrer nichts finden. Doch Pfiffigs scharfem Blick entgeht wieder einmal nichts und er deckt den dreisten Diebstahl auf. Du auch?

**Lies.** **Erzähle.**  **Male an.** **Was wurde gestohlen? Kreise ein.**

Fall 1

# Löse mit Detektiv Pfiffig den 1. Fall!

1. Wer besucht die Neu-Schule? Zu welcher Jahreszeit und Uhrzeit?

2. Welcher Erwachsene begrüßt den Besuch zuerst? Welchen Beruf hat er an der Neu-Schule?

3. Was bekommt Hund Fiffi zur Begrüßung? Und von wem?

4. Wer weint warum? Und wie heißt ihre Klassenlehrerin?

5. Wer ist der Dieb? Begründe.

6. Wähle, kreuze an und schreibe:
   a) Was passiert mit dem Dieb?
   b) Schreibe, wie Wilma ihr Stofftier in Australien bekommen hat.
   c) Was haben Detektiv Pfiffig und Hund Fiffi in ihrem Urlaub erlebt?

**Antworte in ganzen Sätzen.**

**Kontrolliere und verbessere.**

✓ ➡ ☐ **Fall gelöst!**

**Tipps zu den Fragen:**

1. Lies die Z. 1–7. Schau dir Bild 2 an.
2. Lies die Z. 9–13. Schau dir Bild 2 an.
3. Lies die Z. 18–20.
4. Lies die Z. 21–25.
5. Schau dir die Bilder 1 und 3 an.

**Kreuze an: 1 Lupe für 3, 2 Lupen für 4 und 3 Lupen für 5 richtige Antworten:**

**Lupen-Zusatzaufgaben:**

1. a) Male ein Känguru.
   b) Male eine Bildergeschichte „Känguru“.
2. a) Male deine schönsten Sommerferien-Erlebnisse. Erzähle.

Fall 2

# Der Ausflug zum Zoo

Die Klasse von Lehrer Ecki Eckstoß macht einen Ausflug zum Zoo. Mit einem Reisebus fahren sie bereits früh morgens um 8 Uhr los. Auch Detektiv Pfiffig und Hund Fiffi lassen sich dieses tierische Vergnügen nicht entgehen und helfen bei der Beaufsichtigung der Schulanfänger mit. Alle Erstklässler haben dicke Rucksäcke mitgebracht, in denen sich viele Leckereien befinden: Bananen, Äpfel, Birnen, Möhren, Gurken, Paprikastreifen, Butterbrote, Trinkpäckchen, aber auch ein wenig Knabberzeug und Süßigkeiten wie Chips, Salzstangen, Erdnüsse, Frucht- und Kaugummis. Um ihren Hals tragen einige Kinder Brustbeutel mit etwas Taschengeld darin.

Ecki Eckstoß sagt zu seinem Freund Pfiffig: „Meine Schüler Karin Knipser und Bubi Blitzer haben sogar Digitalkameras mitgebracht. Die Kinder können mithilfe der ausgedruckten Fotos erste eigene Zoogeschichten schreiben, die wir zu einem Zoo-Buch zusammenheften werden.“ „Und dieses Zoo-Buch könnt ihr in eure Klassenbücherei stellen. Eine tolle Idee!“, antwortet der Detektiv.

Nachdem der Bus auf dem riesigen Parkplatz vor dem Zoo geparkt hat, sausen die kleinen Zoobesucher zum Eingang. Lehrer Eckstoß bezahlt den Eintritt an der Kasse für seine Schüler. „Wir gehen immer gemeinsam von Gehege zu Gehege, von Tier zu Tier. Ihr dürft uns Fragen stellen und Fotos machen. Wir machen zwischendurch eine große Pause, in der wir uns ausruhen und etwas essen und trinken. Okay?“, fragt Ecki Eckstoß seine 25 Schüler. „Okay!“, antworten die fröhlichen Erstklässler im Chor.

Zuerst wandern sie zu den Giraffen und Elefanten. „Bitte lächeln!“, rufen Karin Knipser und Bubi Blitzer einigen Mitschülern zu. Nachdem sie die Löwen, Krokodile und Eisbären aus sicherer Entfernung bestaunt haben, machen sie eine Pause auf dem Rasen des Streichelzoos. Pfiffig bemerkt, dass einige Kinder etwas suchen, aber nichts sagen. Und so vergisst er es wieder.

Danach streicheln die Kinder die Meerschweinchen, Hasen, Schafe und Ziegen. Am Ende des Zoobesuchs besichtigen sie die lustigen Affen und Papageien. Erschöpft, aber vergnügt fahren Eckstoß und seine Klasse, Pfiffig und Hund Fiffi zurück zur Neu-Schule.

Plötzlich rufen einige Kinder im Bus: „Alle meine Bananen sind weg!“ „Jemand hat meine Möhren gegessen!“ „Wer hat meine Erdnüsse aufgeknabbert?“ „Mein Trinkpäckchen war schon in der Pause leer!“ „Ja! Meine Birnen waren da auch schon verschwunden!“ Pfiffig unterbricht die Kinder: „Ich habe eine Idee, wer die Futter-Räuber sein könnten. Aber um die Taten beweisen zu können, brauche ich die Hilfe von zwei Kindern.“

 **Lies.** 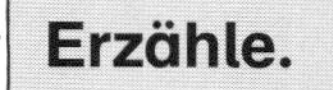 **Erzähle.**  **Male an.** **Wer sind Karin Knipser und Bubi Blitzer? Kreise ein.**

Fall 2

# Löse mit Detektiv Pfiffig den 2. Fall!

1. Wohin fährt die Klasse von Ecki Eckstoß? Wie lange dauert die Hinfahrt?

2. Wie viel Eintrittsgeld muss Ecki Eckstoß für sich und seine Klasse insgesamt bezahlen? Wie viel Geld bekommt er zurück?

3. Was hat Ecki Eckstoß mit den ausgedruckten Zoo-Fotos vor?

4. Wieso braucht Pfiffig die Hilfe von zwei Kindern, um die Futter-Räuber zu überführen? Und wie heißen diese zwei Kinder?

5. Wer sind die Futter-Räuber? Und wer hat was geklaut?

6. Wähle, kreuze an und schreibe:
   a) Plane: „Unsere Kuscheltier-Ausstellung“.
   b) Schreibe und gestalte einen Steckbrief über dein Lieblingstier.
   c) Forsche im Internet und in Tierbüchern und erstelle ein „Zootier-Buch“.

**Antworte in ganzen Sätzen.**
**Kontrolliere und verbessere.**

✓ → ☐ **Fall gelöst!**

**Kreuze an: 1 Lupe für 3, 2 Lupen für 4 und 3 Lupen für 5 richtige Antworten:**

**Tipps zu den Fragen:**

1. Lies die Z. 1–2 und schau dir Bild 1 an.
2. Lies die Z. 15 und schau dir Bild 1 an.
3. Lies die Z. 9–11.
4. Schau dir die Bilder 2 und 3 an. Lies die Z. 8–9.
5. Schau dir die Bilder 2 und 3 an.

**Lupen-Zusatzaufgaben:**

1. Male und bastle ein Tier-Memory®.
2. Spiel: Bildet 2 Teams. Ein Kind von Team 1 spielt ein Tier vor. Errät es ein Kind aus dem gleichen Team? Nun ist Team 2 dran. Welches Team hat zuerst 3 Punkte?



Bernd Wehren: Lesen und Schreiben mit Detektiv Pfiffig 4

**Fall 3**

# Die sieben Kopfnüsse

Detektiv Pfiffig besucht heute die 4b, auf deren Tagesplan als Erstes „Kopfnüsse für Pfiffig“ stehen. Der Klassenlehrer begrüßt den Meisterdetektiv freundlich: „Guten Morgen, lieber Pfiffig! Meine Schüler haben mithilfe von Maria Millimeter und mir spannende Denkaufgaben für dich aufgemalt und aufgeschrieben. Wir sind gespannt, wie viele Kopfnüsse du knacken wirst.“ „Ich werde versuchen, eure Aufgaben zu lösen“, lächelt Pfiffig.

Bereits beim Vorlesen der ersten Kopfnuss müssen sich die grauen Gehirnzellen des Detektivs gehörig anstrengen: „Zwei Mütter und zwei Töchter bummeln in der Stadt. Jede kauft einen bunten Rock. Zusammen kaufen sie aber nur drei Röcke. Wie kann das sein?“

Bei der zweiten Kopfnuss ist Pfiffigs scharfer Blick gefragt: „Wie viele Rechtecke und Dreiecke findest du in der Figur?“ Luisa und Peter meinen: „Die dritte Kopfnuss knackst du niemals: Vier Mädchen rennen um die Wette. Tina läuft schneller als Nina, aber Tina läuft langsamer als Lea. Und Sandra läuft schneller als Lea. Wer ist 1., 2. und 3.?“ Bei der vierten Kopfnuss muss Pfiffig Bleistift und Lineal zur Hand nehmen: „Verbinde alle neun Punkte mit 4 geraden Linien, ohne den Bleistift abzusetzen.“

Der Detektiv schlendert weiter. Marcel hat sich etwas Lustiges und Märchenhaftes ausgedacht: „Bei dieser fünften Kopfnuss musst du um die Ecke denken: Welche tierisch bekannte Boygroup steht total aufeinander?“ Bei der sechsten Kopfnuss ist gutes Augenmaß entscheidend: „Welche Strecke ist länger?“ Und bei der siebten und letzten Kopfnuss muss Pfiffig eines der vier gleichen und rechteckigen Holzstücke so umlegen, dass ein Quadrat entsteht.

Pfiffig lobt die Schüler von Karl Komma: „Ihr habt euch wirklich harte Kopfnüsse ausgedacht. Toll! Ich hoffe, ich habe alle 'Nüsse' geknackt.“

Der Meisterdetektiv aus Knobelhausen stellt sich tatsächlich als hervorragender „Nussknacker“ heraus. Du auch?

**Lies.** **Erzähle.**  **Male an.** 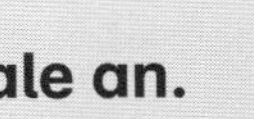 **Welche Strecke ist länger (6. Kopfnuss)?** ______________

Fall 3

# Löse mit Detektiv Pfiffig den 3. Fall!

1. Wie lautet die Lösung der ersten Kopfnuss?

2. Wie lauten die Lösungen der a) zweiten und b) dritten Kopfnuss?

   a)

   b)

3. Wie sieht die Lösung der vierten Kopfnuss aus? Zeichne.

4. Wie lautet die Lösung der fünften Kopfnuss?

5. Wie sieht die Lösung der siebten Kopfnuss aus? Zeichne.

6. Wähle, kreuze an und schreibe:
   a) Denke dir eine ähnliche Kopfnuss wie die erste Kopfnuss aus.
   b) Denke dir eine ähnliche Kopfnuss wie die dritte Kopfnuss aus.
   c) Denke dir eine ähnliche Kopfnuss wie die fünfte Kopfnuss aus.

**Antworte in ganzen Sätzen.**
**Kontrolliere und verbessere.**

✓ → ☐ **Fall gelöst!**

**Tipps zu den Fragen:**

1. Eine Mutter ist nicht nur Mutter, sondern …
2. a) Male in gezählte Dreiecke Kreuze und in Rechtecke Punkte.
   b) Male den Lauf.
3. Die Linien müssen nicht an den Eckpunkten enden.
4. Welche Tiere wollen in einem Märchen gemeinsam Musik machen?
5. Schneide vier Papier-Rechtecke aus und probiere.

**Kreuze an: 1 Lupe für 3, 2 Lupen für 4 und 3 Lupen für 5 richtige Antworten:**

**Lupen-Zusatzaufgaben:**

1. Denke dir ähnliche Kopfnüsse wie die zweite Kopfnuss aus. Zeichne.
2. Gestalte eine „Kopfnuss-Karteibox“. Sammle Kopfnuss-Karten.

**Fall 4**

# Zirkus in der Neu-Schule

„Hau ruck! Hau ruck! Hau ruck!“, rufen die Eltern der Neu-Schüler, die Lehrer und die Zirkusleute zugleich. Mit vereinten Kräften gelingt es ihnen die Zirkusplane hochzuziehen.

„Der Schulzirkus 'Zick-Zack‘ gastiert eine Woche bei uns. Am heutigen ersten Tag bauen wir das Zirkuszelt auf. Am morgigen Montag stellen Zirkusdirektor Zick und seine charmante Partnerin Zack alle Zirkusnummern vor, die die Kinder von Dienstag bis Donnerstag üben können. Am Freitag und Samstag finden dann jeweils zwei Vorstellungen für die Eltern und Verwandten der kleinen Artisten statt“, erklärt Dalli-Dalli dem Detektiv.

„Die Zirkuswoche kostet sicher viel Geld. Wer bezahlt das alles?“, fragt Pfiffig interessiert nach. „Alles in allem kostet uns die Projektwoche 'Zirkus‘ ca. 10.000 Euro. Durch den Verkauf von Popcorn, Zuckerwatte, Getränken und Eintrittskarten werden die Kosten abgedeckt sein.“ „Und ich nehme die Zirkus-Vorstellungen mit meiner Kamera auf, schneide das Filmmaterial und wir verkaufen dann den Zirkusfilm“, ergänzt Hobbyfilmer Leo Lupe die Ausführungen der Schuldirektorin.

Nachdem sich am Montag jeder Schüler eine Zirkusnummer ausgesucht hat, üben sie bei strahlendem Sonnenschein mit Zick und Zack fleißig im Zelt: Seiltanz, Jonglage, Zauberei … Alle vier Vorstellungen sind ausverkauft und ein voller Erfolg. Nach der letzten Vorstellung am Samstagabend ergreift Dalli-Dalli das Mikrofon:

„Zum großen Finale bitte ich alle Artisten und auch Zick und Zack in die Manege. Ich lade alle erwachsenen Helfer vor das Zirkuszelt zu einem Sekt ein.“ Mit tosendem Applaus verabschieden die Zuschauer alle Beteiligten. Viele folgen der Einladung von Dalli-Dalli. Während die kleinen Zirkusartisten mit Limo vor dem Zelt anstoßen, prosten sich die großen Helfer mit Sekt zu.

Doch die fröhliche Stimmung wird von einem entsetzten Zick schnell beendet: „Jemand hat das gesamte Zirkus-Geld aus der Kassette im Zirkusvorzelt stibitzt.“ Pfiffig schaltet sich ein: „Wer besitzt einen Schlüssel für die Kassette?“ „Tina Tippi, Leo Lupe, Zick, Zack und ich“, sagt Dalli-Dalli. „Ich war auf der Toilette, bevor ich den Diebstahl entdeckt habe“, meint Zirkusdirektor Zick. „Ich habe mich nach der Vorstellung im Zirkuswagen ins Bett gelegt und kurz geschlafen, bevor ich vom Schreien Zicks geweckt wurde“, sagt Fräulein Zack. „Tina, Leo und ich standen seit Ende der letzten Vorstellung hier beisammen“, erklärt Dalli-Dalli. „Eine Person lügt“, meint Detektiv Pfiffig.

**Lies.** **Erzähle.** **Male an.** **Wo ist das gestohlene Zirkus-Geld? Kreise ein.**

Fall 4

# Löse mit Detektiv Pfiffig den 4. Fall!

1. An welchem Wochentag wird das Zirkuszelt aufgebaut? Wer hilft beim Aufbau mit? Und wie lange gastiert der Zirkus?

2. Wie teuer ist die Zirkuswoche? Wie werden die Kosten abgedeckt?

3. Wo sind Pfiffig und Hund Fiffi während der Vorstellung?

4. Wie funktionieren die Tricks „Schwerter-Kiste“, „Gewichtheber“, „Fakir“ und „Tücher-Jonglage“?

5. Wer lügt und ist der Täter?

6. Wähle, kreuze an und schreibe:
   a) Beschreibe die Zirkus-Vorstellung.
   b) Male und beschreibe dein Traum-Zirkuszelt.
   c) Suche dir eine Zirkusnummer aus. Wie würde ein Zirkusdirektor diese Nummer ansagen?

**Antworte in ganzen Sätzen.**
**Kontrolliere und verbessere.**

✓ ➡ ☐ **Fall gelöst!**

**Kreuze an: 1 Lupe für 3, 2 Lupen für 4 und 3 Lupen für 5 richtige Antworten:**

**Tipps zu den Fragen:**

1. Lies die Z. 1–4.
2. Lies die Z. 9–14.
3. Schau dir Bild 2 an.
4. Schau dir die Bilder 2 und 3 an.
5. Lies die Z. 24–29. Schau dir Bild 3 an.

**Lupen-Zusatzaufgaben:**

1. Plane eine Zirkus-Vorstellung mit deiner Klasse.
2. Male eine Bildergeschichte: „Die lustige/spannende Zirkusgeschichte“.

# Fall 5

## Schummeln lohnt sich nicht!

Am Freitagmorgen verspüren die Schüler der 4b ein Kribbeln in der Magengegend. „Obwohl ich für die Deutscharbeit geübt habe, bin ich so nervös, dass meine Zähne klappern", meint Carolin Kante, die das vierte Schuljahr wiederholen muss. Felix Fantastico entgegnet: „Du schaffst das. Denke immer an unsere Regeln: 1. Verlängere das Wort und du weißt die Endung sofort! Beispiele: König, lieb, Hund. 2. Man schreibt Wörter mit „ä“ oder „äu“, wenn man verwandte Wörter mit „a“ oder „au“ schreibt – sonst mit „e“ oder „eu“! Beispiele: Jäger, Bäume, kräftig. 3. Nach einem kurzen Selbstlaut oder Umlaut folgt meist ein doppelter Mitlaut! Beispiele: rennen, küssen, bitten.“ Die Tischnachbarn Tim und Lea hören aufmerksam zu.

Pünktlich um 8 Uhr betritt Deutschlehrer Komma den Klassenraum, begrüßt die Kinder mit beruhigender Stimme und einem freundlichen Lächeln. Er verteilt die Klassenarbeitshefte und die Arbeitsblätter: „Ich wünsche euch viel Glück!“ Sofort beginnen die Viertklässler mit der Bearbeitung der Aufgaben. Kurz vor Abgabe schlendert Karl Komma durch den Klassenraum. Plötzlich entdeckt der Lehrer auf dem Boden ein Stück Papier: „Was liegt da unter eurem Tisch Carolin, Felix, Tim und Lea? Das ist doch ein Spickzettel mit unseren drei neuen Rechtschreibregeln.“ Alle Schüler murmeln und tuscheln. Enttäuscht fragt er die vier Kinder an dem Gruppentisch: „Wem gehört dieser Spickzettel?“ Doch niemand meldet sich. Karl Komma lässt seine Schüler zu Ende schreiben und hofft, dass der Schummler sich anschließend freiwillig meldet. Als keiner die Schummelei zugibt, bittet er Detektiv Pfiffig um Hilfe.

Der Detektiv trifft kurz darauf in der Neu-Schule ein. Nach genauer Beschreibung des Tathergangs schaut sich Pfiffig den Spickzettel an und sagt: „Da sich der Schummler immer noch nicht meldet, möchte ich gerne die Deutschhefte von Carolin, Felix, Tim und Lea genauer unter die Lupe nehmen.“ Die vier Kinder legen ihre Hefte offen auf den Tisch. Nach kurzer Zeit sagt der Meisterdetektiv: „Ich empfehle dem Täter dringend, sich zu seinem Spickzettel zu bekennen, da ich nun weiß, wer geschummelt hat.“ Und tatsächlich! Unter Tränen meldet sich ein Kind: „Ich habe den Zettel geschrieben, weil ich keine schlechte Note schreiben wollte. Denn sonst kriege ich Ärger von meinen Eltern.“ Pfiffig schaut Karl Komma fragend an: „Und was passiert jetzt mit dem Kind?“

**Lies.** **Erzähle.** **Male an.** **Wo liegt der Spickzettel? Kreise ein.**

Fall 5

# Löse mit Detektiv Pfiffig den 5. Fall!

1. Wann schreiben die Schüler von Lehrer Karl Komma die Deutscharbeit (Wochentag, Datum, Uhrzeit)?

2. Wer nennt die drei neuen Rechtschreibregeln? Und wie lautet die dritte Regel?

3. Warum ist Karl Komma enttäuscht? Und warum verdächtigt er nur Carolin, Felix, Tim und Lea?

4. Warum lässt Lehrer Komma alle Schüler die Deutscharbeit zu Ende schreiben?

5. Wer hat den Spickzettel geschrieben? Begründe.

6. Wähle, kreuze an und schreibe:
   a) Was passiert mit dem Kind, das geschummelt hat?
   b) Warum lohnt sich das Schummeln nicht?
   c) Schreibe die Geschichte „Der fast beste Schummler der Welt“.

**Antworte in ganzen Sätzen.**

**Kontrolliere und verbessere.** ✓ ➡ ☐ **Fall gelöst!**

**Tipps zu den Fragen:**

1. Lies die Z. 1 und 11. Schau dir Bild 1 an.
2. Lies die Z. 4–8.
3. Lies die Z. 15–19. Schau dir Bild 1 an.
4. Lies die Z. 19–20.
5. Schau dir die Bilder 2 und 3 an.

**Kreuze an: 1 Lupe für 3, 2 Lupen für 4 und 3 Lupen für 5 richtige Antworten:**

**Lupen-Zusatzaufgaben:**

1. Male, was mit dem Schummler passiert.
2. Schreibe und gestalte ein Lernplakat „Unsere Rechtschreibregeln“. Hänge es in deinen Klassenraum.

**Fall 6**

# Tag der offenen Tür

Einmal im Jahr veranstaltet die Neu-Schule einen „Tag der offenen Tür“. Eltern und deren zukünftige Schulkinder dürfen sich das Gebäude, die Turnhalle, den Fußballplatz, die Klassenräume und selbstverständlich auch den Unterricht der Neu-Schule anschauen. Alle Türen der Klassenräume stehen offen, während Maria Millimeter, Edgar Engel, Leo Lupe und die anderen Lehrer unterrichten. Neugierige Kindergartenkinder und Vorschüler sowie deren interessierte Eltern schlendern von einem Raum zum nächsten. Auch Detektiv Pfiffig spaziert durch die Gänge und schaut kurz im Sekretariat der Neu-Schule vorbei: „Hallo Tina!“ Die Sekretärin Tina Tippi ist hocherfreut, den netten Meisterdetektiv zu sehen, und bittet ihn um einen Gefallen: „Hallo, lieber Pfiffig! Kannst du mit mir zusammen Infoblätter an die Eltern verteilen und dieses Plakat in der Eingangshalle aufhängen?“ Gerne hilft er Tina Tippi beim Tragen, Verteilen und Aufhängen.

Nach wenigen Minuten kehren sie zurück und sehen noch soeben, wie eine große Gestalt aus dem Sekretariat huscht und mit einigen Besuchern in einem Klassenraum verschwindet. Verwundert schauen sich Tippi und Pfiffig an und hasten über den Schulflur. „Oh Schreck! Hier sieht es ja aus wie nach einem Erdbeben!“, ruft Tina Tippi. Sie schlägt die Hände vors Gesicht und muss mit den Tränen kämpfen. „Fehlt etwas?“, fragt Pfiffig. „Ich glaube, der Dieb hat neben meinem Handy weitere Dinge gestohlen!“ Sofort rennt Pfiffig in den Klassenraum, in den der Dieb gehuscht ist: „Keiner verlässt den Raum! Unter ihnen befindet sich ein rücksichtsloser Dieb.“

Nachdem Pfiffig den Tathergang geschildert hat, schickt Direktorin Doris Dalli-Dalli ihre Schüler auf den Pausenhof zum Spielen, um sie nicht unnötig zu ängstigen. Doch der Zweitklässler Fridolin Pfiffig, der Neffe des Detektivs, flüstert seinem Onkel noch schnell etwas ins Ohr. „Eine hervorragende Idee, Fridolin!“, meint Pfiffig und bittet Tina Tippi, ins Sekretariat zu gehen und von dort aus zu telefonieren. „Soll ich den Polizeikommissar Hansi Klein anrufen?“ „Dieser Anruf kann warten, Tina“, meint Pfiffig mit einem triumphierenden Gesicht. Plötzlich hellt sich die traurige Miene von Tina Tippi wieder auf. Über den Flur ins Sekretariat sausend, ruft sie: „Jetzt weiß ich, wen ich anrufen muss!“
Weißt du es auch?

  **Lies.** 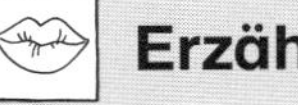 **Erzähle.**  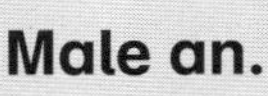 **Male an.**  **Welche Dinge wurden gestohlen? Kreise sie in Bild 1 ein.**

Fall 6

# Löse mit Detektiv Pfiffig den 6. Fall!

1. Was kann man am „Tag der offenen Tür“ an der Neu-Schule tun? Wie soll man sich verhalten?

2. Wie heißt die Sekretärin? Und worum bittet sie Pfiffig?

3. Was passiert in der Zeit, in der das Sekretariat unbeaufsichtigt ist?

4. In welchen Klassenraum verschwindet der Dieb? Und wer ist die Lehrerin?

5. Wen muss Tina Tippi anrufen, um den Dieb zu überführen? Erkläre.

6. Wähle, kreuze an und schreibe:
   a) Wer ist nun der Dieb? Was passiert mit dem Dieb?
   b) Wie belohnt Pfiffig seinen Neffen Fridolin für dessen Tipp?
   c) Schreibe die Geschichte: „Fridolin, der kleine Detektiv“.

**Antworte in ganzen Sätzen.** ✓ → ☐ **Fall gelöst!**

**Kontrolliere und verbessere.**

**Tipps zu den Fragen:**

1. Lies die Z. 1–3. Schau dir Bild 1 an.
2. Lies die Z. 7–10.
3. Schau dir die Bilder 1 und 2 an.
4. Schau dir Bild 3 an. Lies die Z. 20–22.
5. Lies die Z. 17 und 25–26.

**Kreuze an: 1 Lupe für 3, 2 Lupen für 4 und 3 Lupen für 5 richtige Antworten:**

**Lupen-Zusatzaufgaben:**

1. Spiel: Lege 10 Gegenstände aus deiner Schultasche auf deinen Tisch. Ein Mitschüler dreht sich danach um. Nimm einen, zwei oder drei Gegenstände weg. Weiß dein Mitschüler, was fehlt?
2. Spiel: Ein Schüler ist der Detektiv und verlässt den Raum. Vier Schüler tauschen die Plätze. Der Detektiv wird hineingerufen. Findet er die vier?

Fall 7

# Die komische Kunstausstellung

In den letzten Wochen haben die Schüler von Leo Lupe im Kunstunterricht bei Pia Pinsel lustige „Quatschbilder" gemalt. Dann haben die Kinder Einladungen für ihre Eltern und die anderen Klassen gestaltet, damit viele kleine und große Gäste ihre Kunstausstellung besuchen. Auch in Pfiffigs Briefkasten liegt eine Einladung, die er seinem treuen Vierbeiner Fiffi vorliest: „Lieber Detektiv Pfiffig! Du bist herzlich zu unserer komischen Kunstausstellung nächste Woche Donnerstag in unserem Klassenraum in der Neu-Schule eingeladen. Der Eintritt ist frei! Wir freuen uns aber über eine kleine Geldspende für arme Menschen. PS: Schaffst du es, alle Fehler in unseren Bildern zu finden? Deine Klasse 3b". Pfiffig freut sich über die Einladung und trägt diesen spannenden Termin in seinen Kalender ein. Auch Hund Fiffi bellt ausgelassen, als hätte er verstanden, was ihm sein Herrchen vorgelesen hat.

Zehn Tage später betreten die große und die kleine Spürnase den Klassenraum der 3b. Sofort rufen alle Kinder durcheinander: „Hallo Pfiffig! Komm zu mir und schau dir mein 'Quatschbild' an!" „Nein, guck dir mein Bild an!" „Sieh dir meins an!" Kunstlehrerin Pia Pinsel und Klassenlehrer Leo Lupe zähmen die freudig aufgeregte Meute: „Liebe Kinder, beruhigt euch! Detektiv Pfiffig wird sich jedes einzelne Bild anschauen und genau unter die Lupe nehmen."

Pfiffig und Fiffi schlendern von Quatschbild zu Quatschbild und entdecken nicht nur alle Fehler in den Bildern, sondern sehen auch, wie eine Hand nach dem bunten Spenden-Sparschwein greift und es stibitzt. Fiffi saust bellend hinter dem Dieb her und stellt mehrere Kinder im Flur: „Wau! Wau! Wau!" Pfiffig lobt seinen Hund und streicht ihm durch sein weiches Fell: „Das hast du gut gemacht, Fiffi!" Die Kinder der 3b, Pinsel und Lupe sind außer sich vor Wut und schimpfen: „Wer von euch hat das Sparschwein geklaut? Und wo ist es?" Die drei verdächtigen Kinder beteuern ihre Unschuld: „Ich war gerade auf dem Weg zur Toilette, als der Hund bellend angerannt kam." „Und ich habe meine Jacke an die Garderobe im Flur gehängt." „Ich habe die Getränkekiste für die Frühstückspause geholt." „Wir werden eure Alibis überprüfen", sagt Lehrer Lupe zu den drei Kindern. „Nicht nötig! Ich weiß, wer der 'Schweine-Dieb' ist und wo das Sparschwein ist", meint der Meisterdetektiv.

Weißt du es auch?

**Lies.** 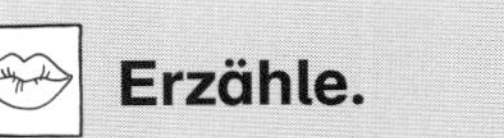 **Erzähle.** 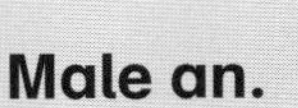 **Male an.** **Wo ist das gestohlene Sparschwein? Kreise ein.**

Fall 7

# Löse mit Detektiv Pfiffig den 7. Fall!

1. Wie erhält Pfiffig seine Einladung zur Kunstausstellung? Und wann erhält er die Einladung (Wochentag und Datum)?

2. Was wird in dieser Kunstausstellung gezeigt? Und von wem?

3. Warum sind die Schüler von Leo Lupe aufgeregt, als Pfiffig ihre Kunstausstellung besucht?

4. Welche Fehler haben sich in den Quatschbildern „In der Stadt“, „Im Meer“ und „Auf dem Bauernhof“ versteckt?

5. Wer ist der „Sparschwein-Dieb“? Erkläre.

6. Wähle, kreuze an und schreibe:
   a) Was passiert mit dem „Sparschwein-Dieb“?
   b) Wie verläuft die Kunstausstellung weiter?
   c) Wie belohnt Pfiffig seinen Hund Fiffi?

**Antworte in ganzen Sätzen.**
**Kontrolliere und verbessere.**

✓ → ☐ **Fall gelöst!**

**Tipps zu den Fragen:**

1. Lies die Z. 3–4 und 8. Schau dir Bild 3 an.
2. Lies die Z. 1–2 und 6.
3. Lies die Z. 9–13.
4. Schau dir alle drei Bilder an.
5. Schau dir die Bilder 2 und 3 an.

**Kreuze an: 1 Lupe für 3, 2 Lupen für 4 und 3 Lupen für 5 richtige Antworten:**

**Lupen-Zusatzaufgaben:**

1. Male ein eigenes „Quatschbild“. Wer findet deine Fehler?
2. Plane eine Kunstausstellung mit „Quatschbildern“.



Bernd Wehren: Lesen und Schreiben mit Detektiv Pfiffig 4

# Fall 8

## Der diebische Schatten

„Das weiße Laken hängen wir über die Leine und befestigen es mit Wäscheklammern. Anschließend müssen wir nur noch die Stühle für die Zuschauer im Halbkreis aufstellen, die zwei Stehleuchten an- und das Deckenlicht ausschalten. Dann dürfen unsere lieben Gäste hereinkommen, Platz nehmen und unsere Geschichte rund um die sieben alten Männer bestaunen“, erklärt Maria Millimeter ihren Zweitklässlern. Sorgfältig bauen die Kinder mithilfe von Hausmeister Kurt Kehrblech die Bühne, Kulissen und den Zuschauerraum für das märchenhafte Schattentheaterstück auf. Auch Pfiffigs Hund Fiffi darf eine – im wahrsten Sinne des Wortes – winzige Rolle spielen. Als der Detektiv und die anderen kleinen und großen Gäste endlich den Klassenraum betreten und sich setzen dürfen, sagt die schwarzhaarige Julia, die die weibliche Hauptrolle spielt, erleichtert zu ihrer Lehrerin: „Jetzt bin ich aber froh, dass meine Oma ihre Schmuckstücke mitgebracht hat, damit wir diese drei Kostbarkeiten als Requisiten für unser Schattenspiel nutzen können. Puh!“

Maria Millimeter bittet ihre Schüler, Schmuckstücke, Mützen, Bärte, Grubenlampen, Riemen, Apfel, Kamm und Co auf das Pult hinter dem Laken zu legen, damit die Schauspieler alle Requisiten sofort griffbereit haben.

Nachdem Stille eingekehrt und die sanfte Märchenmusik erklungen ist, beginnt Fabian mit einer angenehm tiefen Stimme zu erzählen: „Es war einmal ...“ Gleichzeitig agieren die Schauspieler hinter dem Laken und sind als schwarze Schatten auf dem weißen Tuch deutlich zu erkennen. Am Ende des ersten Teils ist auf dem Laken das schwarze Wort „PAUSE“ zu sehen und die „Schattenspieler“ bekommen tosenden Applaus von ihren Eltern und den anderen Zuschauern.

Kurz vor Beginn des zweiten Märchenteils erscheint plötzlich ein seltsamer Schatten auf der weißen Laken-Leinwand. „Hey! Was treiben Sie da?“, ruft Maria Millimeter. Vom Zuruf ertappt, flüchtet der große Schatten mitsamt dem wertvollen Diebesgut. „Hinterher!“, ruft der aufgebrachte Kehrblech. Alle nehmen die Verfolgung auf. Und während der diebische Schatten über den Schulhof zu seinem Auto flitzt und losrast, springen Pfiffig und Fiffi auf ihr Fahrrad und sausen hinterher. Nach einer kurzen Fahrt sieht der Detektiv von Weitem, wie das Auto in eine Straße abbiegt. Als Pfiffig und Fiffi auch dort hineinfahren, müssen die Spürnasen leider feststellen, dass nichts und niemand auf der Straße zu sehen ist – kein Auto, kein Schatten. Trotzdem findet Pfiffig den Dieb. Wie?

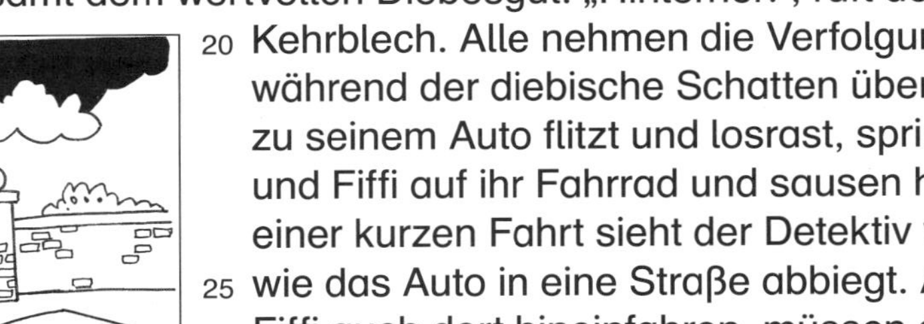


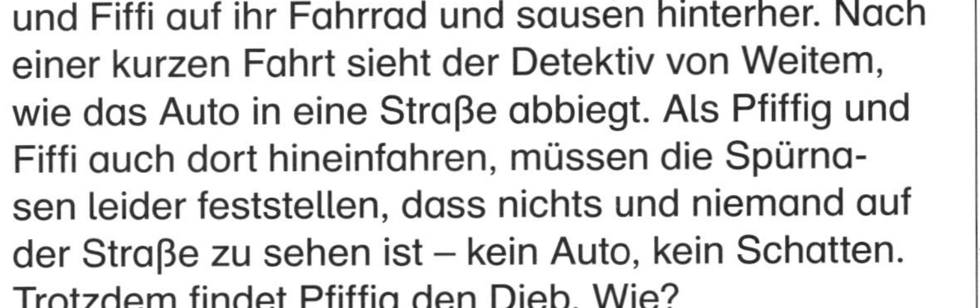

 **Lies.** **Erzähle.** **Male an.** **Was klaut der diebische Schatten? Kreise ein.**

Fall 8

# Löse mit Detektiv Pfiffig den 8. Fall!

1. Welches Schattentheaterstück führen die Schüler von Lehrerin Maria Millimeter auf?

2. Erkläre, was „Requisiten" sind. Welche Requisiten werden bei diesem Schattentheaterstück gebraucht?

3. Was macht Fabian? Und was spielen Julia und Hund Fiffi?

4. Woher weiß Pfiffig, dass der Dieb nach dem Abbiegen nicht weitergefahren ist?

5. Wo ist der „diebische Schatten" geblieben? Begründe.

6. Wähle, kreuze an und schreibe:
   a) Was macht Detektiv Pfiffig, als er den Dieb am Fenster entdeckt?
   b) Schreibe die spannende Geschichte „Der Schatten".
   c) Wie reagieren Julia und ihre Oma nach dem Diebstahl?

**Antworte in ganzen Sätzen.**
**Kontrolliere und verbessere.**

✓ → ☐ **Fall gelöst!**

**Tipps zu den Fragen:**

1. Lies die Z. 3 und 9–10. Schau dir Bild 1 an.
2. Lies die Z. 9–11. Schau dir Bild 1 an.
3. Lies die Z. 5–7 und 12–13. Schau dir Bild 3 an.
4. Schau dir Bild 3 an.
5. Schau dir alle drei Bilder an.

**Kreuze an: 1 Lupe für 3, 2 Lupen für 4 und 3 Lupen für 5 richtige Antworten:**

**Lupen-Zusatzaufgaben:**

1. Bastle große Schattenfiguren aus Pappe und Karton.
2. Spielt ein eigenes Schattentheaterstück vor – mit oder ohne Puppen.

Fall 9

# Die „Weihnachtsmaler“ der Neu-Schule

Am dritten Adventssonntag machen Detektiv Pfiffig und sein Hund Fiffi einen ausgiebigen Spaziergang durch das verschneite und stille Städtchen Knobelhausen. Die Kirchturmuhr schlägt zwölfmal, als die beiden Spürnasen an der Neu-Schule vorbeischlendern. Plötzlich hören sie eine Jungenstimme rufen: „Weg hier! Pfiffig kommt!“ Schnell sausen der Detektiv und Fiffi auf den Schulhof und sehen, wie mehrere Kinder um die Ecke des Schulgebäudes flitzen und flüchten. „Das Bild haben sicher Neu-Schüler gemalt“, denkt Pfiffig beim Betrachten der Wandschmierereien. Am nächsten Morgen in aller Frühe stehen Hausmeister Kehrblech, Konrektor Ziffer und Direktorin Dalli-Dalli fassungslos vor dem „Wandgemälde“. Pfiffig schildert ihnen den gestrigen Tathergang. „Die Schüler von Gitti Gitarre malen momentan Weihnachtsbilder im Kunstunterricht von Pia Pinsel. Ob die Wandmaler-Kinder aus der 4a sind?“, schaut Dalli-Dalli den Meisterdetektiv fragend an.

Kurz vor Unterrichtsbeginn sucht Pfiffig Gitti Gitarre auf und bittet die Klassenlehrerin der 4a, mit in den Unterricht kommen zu dürfen und um einen zweiten Gefallen: „Lass die Kinder im Stuhlkreis von ihren Wochenenderlebnissen erzählen. Mal hören, was sie zu sagen haben.“ Nachdem sich die Schüler der 4a, Gitti Gitarre und Pfiffig einen „Guten Morgen“ gewünscht haben, bilden sie einen Stuhlkreis. „Ich war am Sonntag von morgens bis abends bei meiner Oma. Meine Geschwister und ich haben leckere Weihnachtsplätzchen gebacken. Ich habe für den Erzählkreis das Foto gestern Abend extra ausgedruckt“, berichtet Marvin Melone. „Ich war gestern beim Fußballspiel im Stadion. Das Spiel endete 2:2 unentschieden“, erzählt Ali Alibi. Paula Plapper meint zu ihrem mitgebrachten Foto: „Am Sonntag habe ich bei uns im Garten einen dicken Schneemann gebaut.“ Gerrit Glotz sagt: „Ich war gestern im Kinofilm 'Die Rache der Gummibärchen-Gang'.“

Nach weiteren Beiträgen der Kinder meldet sich Pfiffig zu Wort: „Ich habe am Wochenende einige Personen vor eurer Schule überrascht, als sie die Außenfassade bemalt haben.“ „Die drei Wandschmierer waren bestimmt Jugendliche oder es war die böse Bonbon-Bande“, meint Franka Flötenbart. „Auf jeden Fall wird es für die Täter diese Weihnacht keine fröhliche Bescherung geben. Ich rate den Wandmalern, sich freiwillig zu melden. Denn ich weiß, wer für die Schmierereien verantwortlich ist“, sagt der messerscharf kombinierende Meisterdetektiv aus Knobelhausen.

 **Lies.** **Erzähle.** **Male an.** **Wer ist sicher kein Wandmaler? Kreise die Beweise ein.**

# Löse mit Detektiv Pfiffig den 9. Fall!

1. Zu welcher Jahreszeit, an welchem Wochentag und zu welcher Uhrzeit spazieren Pfiffig und Fiffi an der Neu-Schule vorbei?

2. Warum denkt Pfiffig, dass die Wandmaler Neu-Schüler sind?

3. Wieso vermutet Dalli-Dalli, dass die Wandmaler aus der Klasse 4a kommen könnten?

4. Warum erzählen Pfiffig und Gitti Gitarre nicht sofort zu Beginn des Erzählkreises von der Wandmalerei?

5. Wer sind die Wandmaler? Begründe.

6. Wähle, kreuze an und schreibe:
   a) Was passiert mit den Wandmalern? Was müssen sie tun?
   b) Warum haben sie die Wand bemalt? Sammle Gründe.
   c) Wie reagieren die Lehrer, Kehrblech und die Eltern?

**Antworte in ganzen Sätzen.**
**Kontrolliere und verbessere.**

✓ → ☐ **Fall gelöst!**

**Kreuze an: 1 Lupe für 3, 2 Lupen für 4 und 3 Lupen für 5 richtige Antworten:**

**Tipps zu den Fragen:**

1. Lies die Z. 1–3.
2. Lies die Z. 3–6.
3. Lies die Z. 9–10. Schau dir Bild 1 an.
4. Lies die Z. 11–13.
5. Schau dir Bild 2 und 3 an. Lies die Z. 24–26.

**Lupen-Zusatzaufgaben:**

1. Male ein Kreidebild auf den Schulhof.
2. Male „Foto-Bilder", auf denen auch etwas unlogisch ist.



Bernd Wehren: Lesen und Schreiben mit Detektiv Pfiffig 4

**Fall 10**

# Die kleinen Erfinder

Im Werkraum der Neu-Schule wurde in den letzten Wochen gebastelt, gehämmert, getestet und experimentiert. Denn die Schüler der „Erfinder-AG“ von Lehrer Leo Lupe haben sich neue, originelle Erfindungen ausgedacht. Am heutigen Ausstellungs- und Vorstellungstag sind zahlreiche Besucher gekommen, um sich die Ideen der kleinen Erfinder anzuschauen. Professor Balduin Bastelfinger, Freddy Forscher, Tatjana Tüftel, Detektiv Pfiffig und einige Lehrer der Neu-Schule hören den Erklärungen der Schüler gebannt zu.

„Nur ein Schluck von der 'Lach-Limo' und schon weicht jede traurige Miene einem fröhlichen Lächeln“, erklärt Schülerin Lisa Lustig. „Und mit diesem Roboter gehören Hausaufgaben der Vergangenheit an. Der 'HR 1000' erledigt im Handumdrehen alle lästigen Hausaufgaben – egal ob Deutsch, Mathe oder Englisch!“, beschreibt Nico Nägelchen seinen mechanischen und elektronischen Helfer. Die nächste Erfinderin, Helga Heiamann, stellt ihre kleine, aber feine Erfindung vor: „Mit dieser 'Schlafbrille' kann jeder Schüler ein Nickerchen während des Unterrichts machen: 'Schlafbrille' aufsetzen, eindösen und trotzdem den Anschein eines aufmerksamen Schülers wahren!“ Auch Max Muff beschreibt seine Erfindung mit grenzenloser Begeisterung: „Zucki – Die süße Zahnpasta für frischen Atem! Da wird das Zähneputzen zur reinsten Freude – für Groß und Klein!“

„Endloses Lutschvergnügen mit meinen Lollis in verschiedenen Geschmacksrichtungen …!“ Doch Karin Karies' Vorstellung ihrer „Endlos-Lollies“ wird durch einen Kurzschluss jäh unterbrochen und der Werkraum liegt für einen Moment in völliger Dunkelheit. Nach kurzem Aufschreien hört man ein Rascheln, Zerreißen von Papier, Schlürfen und Kichern. Leo Lupe tastet sich zum Sicherungskasten, legt den Hauptschalter um und es ist wieder hell.

Die kleinen Erfinder erschrecken, als sie feststellen, dass sich jemand an ihren Erfindungen zu schaffen gemacht hat. „Keine Sorge, Kinder! Wir werden die Täter entlarven“, versucht Leo Lupe seine Schüler zu beruhigen. Auch Detektiv Pfiffig schaltet sich ein: „Keiner verlässt den Raum! Ich habe einen Verdacht, wer was an sich und zu sich genommen hat.“ Mit der Unterstützung des Meisterdetektivs sind die „Ideen-Diebe“ schnell gefunden.

Findest du sie auch?

**Lies.** **Erzähle.** **Male an.**  **Wer hat den „Endlos-Kauknochen“ stibitzt? Kreise ein.**

Fall 10

# Löse mit Detektiv Pfiffig den 10. Fall!

1. Wer leitet die „Erfinder-AG“? Wo basteln die kleinen Erfinder?

2. Wer hat was erfunden?

3. Wessen Vorstellung der eigenen Erfindung wird unterbrochen? Und wodurch?

4. Was hört man während der Unterbrechung?

5. Wer sind die „Ideen-Diebe“? Und was haben die stibitzt?

6. Wähle, kreuze an und schreibe:
   a) Was passiert mit den „Ideen-Dieben“?
   b) Welche Erfindung gefällt dir am besten, welche am wenigsten? Begründe.
   c) Beschreibe deine eigene Erfindung.

**Antworte in ganzen Sätzen.**
**Kontrolliere und verbessere.** ✓ ➡ ☐ **Fall gelöst!**

**Tipps zu den Fragen:**

1. Lies die Z. 1–2.
2. Lies die Z. 7–19. Schau dir Bild 2 an.
3. Lies die Z. 20–22.
4. Lies die Z. 22–23.
5. Schau dir alle drei Bilder an.

**Kreuze an: 1 Lupe für 3, 2 Lupen für 4 und 3 Lupen für 5 richtige Antworten:**

**Lupen-Zusatzaufgaben:**

1. Plane und führe mit deiner Klasse einen Erfinder-Wettbewerb durch.
2. Führe eine Ausstellung „Berühmte Erfinder“ durch. Forsche dafür im Internet.

**Fall 11**

# Die Neu-Schule sucht die Superstars

Im Musikunterricht von Gitti Gitarre unterhalten sich die Kinder im Stuhlkreis über die vielen Gesangswettbewerbe im Fernsehen: „Rockstars“, „Außer Rand und Band“, „Die Volksmusikanten“, „Schlager-Quark“ und „Auf der Suche nach den Superstars“. „Wenn ich alt genug bin, nehme ich auch an einem Casting teil. Denn ich will auch Superstar werden“, verkündet die selbstbewusste Jutta Jodel. „Und was machst du, wenn du kein Superstar wirst?“, fragt Ute. Auf diese Nachfrage hin zuckt Jutta mit den Achseln. „Von allen gecasteten Rock- und Popstars der letzten Jahre sind ohnehin nur noch eine Handvoll aktuell und bekannt“, meint Ben. Und Jan ergänzt: „Wenn man singen kann und das mal aus Spaß ausprobiert, finde ich das okay.“ Nun schaltet sich auch Musiklehrerin Gitti Gitarre ein: „Was haltet ihr davon, wenn wir selbst ein Casting und einen Gesangswettbewerb an unserer Schule durchführen? Anschließend können wir uns ein besseres Urteil bilden.“ Der Vorschlag findet bei den Kindern großen Anklang. Tim meint: „Einige Fragen sind aber noch zu klären: 1. Wer darf teilnehmen? 2. Wer sind die Jury-Mitglieder? 3. Wer moderiert den Gesangswettbewerb?“

Einen Monat später ist es soweit: Schüler aus den 3. und 4. Klassen wollen ihre Lieblingslieder ihrer Rock- und Pop-Idole der dreiköpfigen Jury vorsingen – ob „La Tee“, „Die kleinen Romantiker“ oder „Peking Pension“. Während im Hintergrund die Originalmusik zu hören ist, lauscht die Jury dem Gesang der Wettbewerbsteilnehmer. Luca singt als Erster vor: „Breiii! Bis du selbst Brei bist! Breiii! Bis du selbst Brei bist! Breiii! Bis du selbst Brei bist! Iss Brei, so viel du kannst!“ Und Jutta gibt ein Lied von „La Tee“ zum Besten: „Pfefferminze, Kamille oder Hagebutte! Ich trinke alle Sorten. Denn ich bin 'La Tee'!“ Nachdem alle Gesangstalente ihre Lieder vorgetragen haben, zieht sich die Jury zur Beratung zurück. Zehn Minuten später verkündet Jurymitglied Pfiffig die beiden „Superstars“ der Neu-Schule: „Der eine Superstar ist ein Junge. Der andere Superstar ist ein Mädchen. Der Junge trägt eine Mütze. Das Mädchen hat Sommersprossen. Beide Superstars sind keine Brillenträger. Der weibliche Superstar steht neben einem anderen Mädchen. Der männliche Superstar steht neben einem anderen Jungen. Die Gewinner dürfen beim Schulfest in einigen Wochen auftreten und ihre Lieder vorsingen.“ Jubelnd fallen sich die beiden Superstars in die Arme.

Lies. Erzähle. Male an. **Welche Band singt das Lied „Brei“? Kreise ein.**

Bernd Wehren: Lesen und Schreiben mit Detektiv Pfiffig 4

Fall 11

# Löse mit Detektiv Pfiffig den 11. Fall!

1. Welche Gesangswettbewerbe schauen sich die Kinder der Neu-Schule im Fernsehen an?

2. Beantworte die drei Fragen von Tim.

3. Was wollen Hund Fiffi „vorjaulen“ und Kater Kuno „vormiauen“?

4. Wie heißen die beiden „Superstars“ der Neu-Schule? Begründe.

5. Was haben die beiden „Superstars“ gesungen?

6. Wähle, kreuze an und schreibe:
   a) Schreibe die Geschichte „Der Auftritt beim Schulfest“.
   b) Schreibe die Vor- und Nachteile von Gesangswettbewerben auf.
   c) Schreibe einen eigenen Liedtext.

**Antworte in ganzen Sätzen.**
**Kontrolliere und verbessere.**

✓ ➡ ☐ **Fall gelöst!**

**Tipps zu den Fragen:**

1. Lies die Z. 1–2.
2. Lies die Z. 8–11. Schau dir Bild 1 an.
3. Schau dir Bild 1 an.
4. Lies die Z. 24–29. Schau dir Bild 2 an.
5. Schau dir die Bilder 1 und 2 an.

**Kreuze an: 1 Lupe für 3, 2 Lupen für 4 und 3 Lupen für 5 richtige Antworten:**

**Lupen-Zusatzaufgaben:**

1. Mutprobe: Singe dein Lieblingslied alleine vor deiner Klasse.
2. Plant und führt einen Gesangswettbewerb durch.

Fall 12

# Auktion in Knobelhausen

Viel Trubel herrscht an diesem Wochenende vor und im Museum von Knobelhausen. Denn in den alten Hallen findet eine Auktion seltener Kostbarkeiten statt. Auch einige Lehrer und Schüler der Neu-Schule lassen sich die Versteigerung nicht entgehen.
Der Auktionator Harry Hammer ist in seinem Element: „2.000 Euro zum Ersten! 2.000 Euro zum Zweiten! Und 2.000 Euro zum Dritten! Somit ist das Gemälde 'Mädchen unter dem Sternenhimmel' aus dem Jahr 1482 verkauft an die Frau mit der Nummer 4. Als Nächstes versteigern wir die einzigartige Sammlung des Mister Clock, bestehend aus vier wertvollen Wanduhren. Das Anfangsgebot beträgt 100 Euro. Die Nummer 7 bietet 150 Euro, die Nummer 11 bietet 200 Euro, Nummer 31 bietet 250 Euro und die Nummer 24 bietet 300 Euro. 300 Euro zum Ersten! 300 Euro zum Zweiten! Und 300 Euro zum Dritten! Die Uhrensammlung ist verkauft an den Herrn mit der Nummer 24! Herzlichen Glückwunsch! Kommen wir nun zum nächsten Objekt: der wertvolle Kamm des Kaisers von China 'Glat-Ze' mit einem echten Haar von seinem Haupt. Das Anfangsgebot beträgt 200 Euro …"

Als Detektiv Pfiffig das Museum betritt, bezahlt Schuldirektorin Doris Dalli-Dalli soeben für ihren ersteigerten Original-Liebesbrief des Grafen von Knobelhausen den Preis von 50 Euro an Auktionator Harry Hammer. Als Zacharias Ziffer den Meisterdetektiv entdeckt, geht er ihm entgegen und zeigt ihm stolz seine neue Sammlung: „Ich spende sie der Schule. Es wäre prima, wenn unser Hausmeister Kurt Kehrblech sie in die Klassen, Flure und Eingangshalle hängt.
Auch Pia Pinsel präsentiert Pfiffig ihr neues Kunstwerk: „Mein neu erstandenes Gemälde habe ich zu einem Schnäppchen-Preis ersteigert. Ich hänge es ins Lehrerzimmer." Ein erleichterter Pfiffig meint zu den „Schäppchen-Jägern": „Da bin ich ja genau zum richtigen Zeitpunkt eingetroffen. Das 'Mädchenbild' ist genauso eine billige Fälschung wie die gesamte Auktion. Ich rufe Kommissar Klein an."
Nach wenigen Minuten trifft Kommissar Hansi Klein mit zwei Polizisten am Museum ein. „Ich habe handfeste Beweise für die betrügerischen Machenschaften des Auktionators Harry Hammer", erklärt Pfiffig. Nach Besichtigung der Beweise nimmt Kommissar Klein den hinterlistigen Auktionator fest: „Nun werden Sie Ihre gerechte Strafe erhalten und hinter 'Schwedischen Gardinen' landen." „Aber diese 'Gardinen' werden Sie nicht versteigern können", ergänzt Pfiffig, worauf alle erleichtert lachen müssen.

**Lies.**  **Erzähle.** 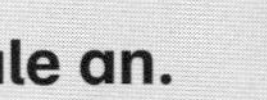 **Male an.**  **Was ist an der Uhrensammlung faul? Kreise ein.**

Fall 12

# Löse mit Detektiv Pfiffig den 12. Fall!

1. Was findet an diesem Wochenende in Knobelhausen statt? Und wo genau?

2. Was ersteigern Pia Pinsel, Dalli-Dalli und Zacharias Ziffer? Und wie teuer sind die Dinge?

3. Was ist an den ersteigerten Dingen von Pia Pinsel und Dalli-Dalli faul?

4. Welche zwei Fälschungen entdeckt Pfiffig außerdem?

5. Wen ruft Pfiffig an? Und was sind „Schwedische Gardinen"?

6. Wähle, kreuze an und schreibe:
   a) Beschreibe den Tagesablauf im Gefängnis. Forsche im Internet.
   b) Schreibe die Geschichte „Als ich für 1 Euro … ersteigerte".
   c) Schreibe einen kurzen Lebenslauf von Harry Hammer.

**Antworte in ganzen Sätzen.**
**Kontrolliere und verbessere.**

✓ → ☐ **Fall gelöst!**

**Tipps zu den Fragen:**

1. Lies die Z. 1–2.
2. Schau dir die Bilder an. Lies die Z. 3–9 und 12–14.
3. Schau dir die Bilder an.
4. Schau dir Bild 2 an. Lies die Z. 9–11.
5. Lies die Z. 24–30.

**Kreuze an: 1 Lupe für 3, 2 Lupen für 4 und 3 Lupen für 5 richtige Antworten:**

**Lupen-Zusatzaufgaben:**

1. Spielt eine Spaß-Auktion nach. Versteigert Bücher, Stifte und Co.
2. Plane und führe eine echte Auktion mit deiner Klasse durch. Ladet Eltern und Lehrer ein. Was macht ihr mit dem verdienten Geld?

Fall 13

# Das verflixte Zahlenschloss

Detektiv Pfiffig und der Mathelehrer begrüßen die neugierigen Schüler zu Beginn des Unterrichts: „Guten Morgen, liebe Kinder! Heute haben wir euch eine Knobelaufgabe mitgebracht. Bitte nehmt leise euren Stuhl und bildet einen Stuhlkreis um den Tisch vor der Tafel.“ Pfiffig wartet, bis alle Kinder im Kreis und ruhig auf ihren Stühlen sitzen. Nun trägt der Meisterdetektiv aus Knobelhausen einen sehr schweren Gegenstand, der von einem schwarzen Tuch umhüllt wird, stöhnend in die Kreismitte und stellt den rätselhaften Würfel dort auf den kleinen Tisch. Geheimnisvoll flüstert Pfiffig: „Was versteckt sich unter dem Tuch? Was vermutet ihr?“ Die Kinder rufen durcheinander: „Ein Computer!“ „Ein Fernseher!“ „Eine Schatzkiste!“ Pfiffig unterbricht die aufgeregten Viertklässler: „Fast richtig geraten! Unter dem Tuch befindet sich eine besondere Schatzkiste. Lisa darf das Tuch wegziehen.“ Nachdem Lisa das Geheimnis gelüftet hat, geht ein Raunen durch den Stuhlkreis: „Ein echter Tresor!“

„Kinder, ich brauche eure Hilfe. Dieser Tresor hat eine bestimmte Ziffernkombination. Sie besteht aus drei Ziffern: zwei, vier und neun. Leider habe ich die richtige Reihenfolge vergessen. Nur wenn wir alle Möglichkeiten, also alle Ziffernkombinationen finden, werden wir den Tresor auf jeden Fall öffnen und herausfinden können, was sich im Tresor befindet.“ Sofort denken die Schüler über den Tresorinhalt und über die Ziffernkombinationen nach: „Im Tresor liegen bestimmt Diamanten.“ „Es gibt wahrscheinlich über 100 Kombinationen.“ Lehrer Ziffer gibt jedem Kind drei Kärtchen mit den Ziffern 2, 4 und 9, damit sie die Kombinationen durch Legen und Probieren finden. Die Kinder schreiben alle Möglichkeiten an die Tafel. Kai Karamell darf die Kombinationen am Tresor ausprobieren und bei einer öffnet sich die Tresortür mit einem lauten „Klack!“. Kai Karamell holt ein Geschenk heraus und ruft: „Ein Buch: 'Die drei kleinen Tresorknacker'! Ist das für unsere Bücherei?“„Na klar! Wer so pfiffig und hilfsbereit ist, hat sich eine Belohnung verdient“, meint Pfiffig verschmitzt und zwinkert Zacharias Ziffer zu.

Nach dieser spannenden Mathestunde schlendert Pfiffig vergnügt zu seinem Drahtesel. „Verflixt!“, hört er Tim aus der 2b fluchen. „Was ist los?“ Der Junge antwortet: „Ich kann das Zahlenschloss meines Fahrrades nicht öffnen. Die Ziffern lauten: drei, fünf, sieben und acht, aber ich habe die Reihenfolge vergessen. Und auf den Merkzettel habe ich Kakao gekleckert, sodass ich nur noch ein paar Striche von zwei Ziffern lesen kann. Aber ich weiß, dass die größte Zahl vor der Sieben kommt.“ Pfiffig sieht sich den Zettel genauer an und überlegt etwas. Und nach wenigen Minuten öffnet er dem erstaunten Tim das Zahlenschloss …

**Lies.** **Erzähle.** **Male an.** **Welche Ziffernkombination öffnet das Schloss? Ergänze.**

Fall 13

# Löse mit Detektiv Pfiffig den 13. Fall!

1. Wie heißt der Mathelehrer? Wie heißt der Klassenlehrer der 4b?

2. Was vermuten die Kinder unter dem Tuch? Und was versteckt sich tatsächlich darunter?

3. Wie viele Ziffernkombinationen sind nur möglich? Welche Kombinationen finden die Viertklässler?

4. Welche Ziffernkombination öffnet die Tür? Was holt Kai aus dem Tresor?

5. Schreibe alle Ziffernkombinationen von Tims Zahlenschloss auf. Wie viele Ziffernkombinationen sind nur möglich, wenn jede Ziffer genau einmal vorkommt?

6. Wähle, kreuze an und schreibe:
   a) Erkläre, warum Detektiv Pfiffig Tims Schloss so schnell öffnen konnte.
   b) Schreibe die Geschichte „Die drei kleinen Tresorknacker".
   c) Welche „Schätze" würdest du in deinen Tresor schließen?

**Antworte in ganzen Sätzen.**

**Kontrolliere und verbessere.**

✓ ➡ ☐ **Fall gelöst!**

**Tipps zu den Fragen:**

1. Lies die Z. 23. Schau dir Bild 1 an.
2. Lies die Z. 5–8.
3. Schau dir Bild 1 an.
4. Schau dir Bild 1 an. Lies die Z. 19–21.
5. Lies die Z. 26. Schau dir Bild 2 an.

**Kreuze an: 1 Lupe für 3, 2 Lupen für 4 und 3 Lupen für 5 richtige Antworten:**

**Lupen-Zusatzaufgaben:**

1. Male den sichersten Tresor der Welt.
2. Wer knackt das Schloss? Male ein Zahlenschloss, dessen 5 Ziffern alle bekannt sind und jeweils genau einmal vorkommen. Schreibe deine Ziffernkombination geheim auf. Wer findet sie heraus?

Fall 14

# Das Sportfest an der Neu-Schule

Bei frühlingshaftem Wetter und angenehmen 22 Grad laufen, werfen und springen die Schüler beim Sportfest der Neu-Schule um die Wette. „Ohne die vielen hilfsbereiten Eltern, die euch bei der Organisation und beim Aufbau geholfen haben, würde das Fest nicht so reibungslos ablaufen", meint ein fröhlicher Pfiffig zur Schulköchin. Und Berta Brühe ergänzt: „Da kann ich nur zustimmen. Die Mütter haben leckeren Kuchen gebacken, Häppchen und knackige Rohkost zubereitet. Manche Väter haben Wasserkisten gespendet und helfen als Zeitnehmer und Kampfrichter aus. Es ist toll, wenn alle an einem Strang ziehen!"

Alle Kinder tragen Nummern auf ihren T-Shirts. Sogar Fiffi, Flecko und Kater Kuno machen mit. Der vergnügte Detektiv spaziert von Station zu Station. Zuerst will er sich den rasanten 50-m-Sprint anschauen. Zeitnehmer Erwin Ehrgeiz ruft mit durchdringender Stimme: „Auf die Plätze, fertig, los!" Die beiden Kinder sausen los. Nach dem Lauf nennt und zeigt er dem Kampfrichter die Stoppuhren mit den Laufzeiten: „Die Nummer 9 Rudi Rakete benötigte für die 50-m-Strecke 8,3 Sekunden und mein Sohn Egon mit der 14 brauchte 7,2 Sekunden." Nun schlendert Pfiffig zum Weit- und Hochsprung. Opa Lug-und-Trug, der für beide Disziplinen zuständig ist, misst gerade die Weite seines Enkels Lars: „Super! Du bist einige Zentimeter weiter gesprungen als beim ersten Sprungversuch." Gleichzeitig versucht seine Enkelin Linda beim Hochsprung die Höhe von 1,05 m zu überspringen. Sie berührt zwar die Hochsprunglatte, doch fällt die Latte nicht herunter. Beim 30-Runden-Lauf ist Zeitnehmerin Petra Puste verblüfft: „Ich bin erstaunt, wie zügig du gelaufen bist. Und trotzdem schwitzt du kein bisschen. Du bist nicht einmal aus der Puste". Der pummelige Sieger Charlie Kriechstrom mit der Nummer 18 entgegnet ihr: „Ich habe mit meinem Bruder Karlie hart trainiert. Ich bin die 30-Runden-Strecke in der letzten Woche mehrfach gelaufen." An der letzten Station macht sich soeben der haushohe Favorit Kasimir Kanone bereit. Sein größter Konkurrent Gerd Gewehr bringt ihm eine Kugel. Doch zum Erstaunen aller plumpst die Kugel bei einer Weite von nur 2,22 m auf den Boden.

Pfiffig meint zu seinem Freund Ecki Eckstoß: „Mir scheint, einige Zeitnehmer, Kampfrichter und Sportler haben gehörig manipuliert und wissen nicht, was 'Fair Play' bedeutet." Der verwunderte Sportlehrer fragt den Meisterdetektiv: „Wie kommst du auf diese Idee?"

Lies. Erzähle. Male an.  **Was stimmt beim Hochsprung nicht? Kreise ein.**

Bernd Wehren: Lesen und Schreiben mit Detektiv Pfiffig 4

Fall 14

# Löse mit Detektiv Pfiffig den 14. Fall!

1. Wie viele und welche Sportstationen wurden aufgebaut?

2. Wer hat beim 50-m-Sprint manipuliert? Und wie?

3. Wer hat beim Hoch- und Weitsprung manipuliert? Und wie?

4. Wer manipuliert beim 30-Runden-Lauf? Und wie?

5. Wer manipuliert beim Kugelstoßen? Und wie?

6. Wähle, kreuze an und schreibe:
   a) Was bedeutet „Fair Play“? Und warum ist das so wichtig?
   b) Schreibe die Geschichte „Der faire Freddy“.
   c) Was geschieht mit den unfairen Sportlern und Kampfrichtern?

**Antworte in ganzen Sätzen.**

**Kontrolliere und verbessere.**

✓ ➡ ☐ **Fall gelöst!**

**Tipps zu den Fragen:**

1. Schau dir die Bilder an. Lies die Z. 9–27.
2. Schau dir Bild 1 an. Lies die Z. 10–15.
3. Schau dir Bild 1 an. Lies die Z. 15–21.
4. Schau dir Bild 2 an. Lies die Z. 21–25.
5. Schau dir Bild 2 an. Lies die Z. 25–27.

**Kreuze an: 1 Lupe für 3, 2 Lupen für 4 und 3 Lupen für 5 richtige Antworten:**

**Lupen-Zusatzaufgaben:**

1. Plane ein Sportfest. Zeichne verschiedene Stationen.
2. Forsche im Internet: die fairsten Sportler.

Fall 15

# Rätselhafte Punkt-zu-Punkt-Bilder

Kurz vor den Osterferien malen die Erstklässler im Kunstunterricht von Pia Pinsel bunte Ostereierbilder mit Wasserfarbe, Wachsmalkreide und Fingerfarbe. Als die kleine Marie Käfer ihr Osterei an eine Fensterscheibe des Klassenzimmers der 1b kleben will, entdeckt sie rätselhafte Punkte und Wörter auf dem Schulhof und ruft laut: „Kommt schnell her und schaut, was jemand auf den Schulhof gekritzelt hat!“ Alle Kinder stürzen zu den Fenstern und blicken hinunter: „Was ist das?“ „Wer war das?“ „Was soll das sein?“ Da unterbricht Lehrerin Pinsel ihre Schüler: „Wir machen eine kurze Flitzepause, damit wir uns diese rätselhaften Punkte und Wörter genauer anschauen können.“ Die Kinder sausen die Treppe hinunter auf den Neu-Schulhof, stellen sich im Kreis um die Punkte auf und äußern Vermutungen, was diese bedeuten könnten: „Da haben andere Schüler irgendetwas mit Kreide hingekritzelt.“ „Die Punkte und Wörter ergeben keinen Sinn.“ Auch Pia Pinsel wird daraus nicht schlau. Doch plötzlich ruft der Erstklässler Willi Weizenkeim: „Ich glaube, man muss die Punkte so verbinden, dass sie einen Satz ergeben.“ „Da liegt noch ein Stück Kreide auf dem Boden. Probiere es aus, Willi“, bittet Lehrerin Pinsel ihren pfiffigen Schüler. Alle Kinder staunen: „Eine verschlüsselte Botschaft!“

Nachdem sie die rätselhaften Punkt-zu-Punkt-Bilder entschlüsselt haben, rasen die Kinder und Pia Pinsel hastig zum Versteck der leckeren Überraschung.

________________________________________________________________________________________________________________________

Lies. Erzähle. Male an. Schreibe weiter. **Wo sind die Osterhasen? Kreise ein.**

Fall 15

# Löse mit Detektiv Pfiffig den 15. Fall!

1. Wer entdeckt die rätselhaften Punkt-zu-Punkt-Bilder? Welche Klasse besucht sie und wie heißt ihre Lehrerin?

2. Wie lautet die verschlüsselte Botschaft? Und welches rätselhafte Punkt-zu-Punkt-Bild entsteht?

3. Wie viele Kinder sind in der Klasse?

4. Schreibe eine eigene Frage und passende Antwort auf.

5. Schreibe eine eigene Frage und passende Antwort auf.

6. Schreibe eine weitere Suchaufgabe auf.

**Antworte in ganzen Sätzen.**

**Kontrolliere und verbessere.**

✓ ➡ ☐ **Fall gelöst!**

**Tipps zu den Fragen:**

1. Lies die Z. 1–4.
2. Schau dir Bild 1 an. Lies die Z. 12–13.
3. Schau dir die Bilder an.

**Kreuze an: 1 Lupe für 1, 2 Lupen für 2 und 3 Lupen für 3 richtige Antworten:**

**Lupen-Zusatzaufgaben:**

1. Schreibe und male ein eigenes rätselhaftes Punkt-zu-Punkt-Bild.
2. Verstecke Dinge auf dem Schulhof, die Mitschüler suchen sollen.

**Fall 16**

# Schachmatt dem Dieb

Einmal im Jahr dürfen die Schüler von Gitti Gitarre und Karl Komma Würfel- und Brettspiele mitbringen. Alle Viertklässler freuen sich auf den heutigen Spieletag und unterhalten sich auf dem Weg zur Neu-Schule über ihre mitgebrachten Spiele. „Ich habe zwei Quartette und ein Mühlespiel dabei. Und welche Spiele hast du dabei, Bert?“, fragt Steffi. „Ich habe ein Würfelspiel und ein Schachspiel in meiner Tasche.“ In der Schule legen die Kinder alle Spiele gesammelt auf einen großen Gruppentisch. Auch Pfiffig hat seine Spiele „Wer hat die Lupe versteckt?“, „Wau-Wau“ und „Mensch ärgere dich nicht“ zu dem großen „Spiele-Berg“ gestellt.

Nachdem Ruhe eingekehrt ist und die Lehrer alle freundlich begrüßt haben, präsentieren die Kinder ihre Spiele den Mitschülern: 1. Wie das Spiel heißt; 2. mit wie vielen Personen es gespielt werden kann; 3. wie lange das Spiel ungefähr dauert; 4. worum es bei dem Spiel geht; 5. wie man gewinnt. Anschließend wünschen die beiden Lehrer den Kindern viel Spaß und jede Spielgruppe schnappt sich ihr Lieblingsspiel und saust damit in einen der beiden Klassenräume, in die Schulküche, in die Eingangshalle oder in den Ruheraum. Detektiv Pfiffig, Gitti Gitarre und Karl Komma schlendern von Spielgruppe zu Spielgruppe und schauen zurückhaltend aus dem Hintergrund zu.

Bei Schülerfragen zum Spiel und zu Regeln stehen sie beratend zur Seite. Plötzlich ruft Bert Brett: „Hey, was ist das!? Eine goldene Figur von meinem wertvollen Schachspiel fehlt! Heute Morgen waren noch alle Figuren da. Die Figur muss jemand gestohlen haben!“

________________________________

________________________________

________________________________

________________________________

**Lies.** **Erzähle.** **Male an.** **Schreibe weiter.** **Wo ist die gestohlene Schachfigur? Kreise ein.**


Bernd Wehren: Lesen und Schreiben mit Detektiv Pfiffig 4

Fall
16

# Löse mit Detektiv Pfiffig den 16. Fall!

1. An welchen Orten im Schulgebäude dürfen die Kinder spielen?

2. Welche Spiele hat Pfiffig mitgebracht?

3. Bei einigen Spielen haben sich Fehler eingeschlichen. Schreibe drei der insgesamt vier Fehler auf.

4. Schreibe eine eigene Frage und passende Antwort auf.

5. Schreibe eine eigene Frage und passende Antwort auf.

6. Schreibe eine weitere Suchaufgabe auf.

**Antworte in ganzen Sätzen.**
**Kontrolliere und verbessere.**

✓ → ☐ **Fall gelöst!**

**Tipps zu den Fragen:**

1. Lies die Z. 16–17.
2. Schau dir Bild 1 an. Lies die Z. 4–6.
3. Schau dir die Bilder an.

**Kreuze an: 1 Lupe für 1, 2 Lupen für 2 und 3 Lupen für 3 richtige Antworten:**

**Lupen-Zusatzaufgaben:**

1. Plane einen Spieletag mit deiner Klasse. Schreibe und male auf.
2. Erfinde, bastle und gestalte ein eigenes Quartett-Spiel.

**Fall 17**

# ○ Das Papier-Puzzle ○ Die böse Bonbon-Bande ○ ____________

„Ich habe soeben von unserer Sekretärin Tina Tippi ein Paket mit einem Brief bekommen“, berichtet Leo Lupe und schwenkt den Brief durch die Luft. Seine Schüler rufen aufgeregt: „Aufmachen! Vorlesen!“ Als wieder Ruhe eingekehrt ist, reißt Lehrer Lupe den Brief auf und liest vor: „Liebe Kinder der Neu-Schule! Endlich meldet sich euer Bücherwurm-Team. Sicher wartet ihr gespannt auf das Ergebnis des Knobelhausener Lese-Wettbewerbs. Eure Klasse hat den 2. Platz belegt. Wir gratulieren herzlich! Euer Preis ist in dem großen Paket. Viel Spaß beim Schmökern! Euer Bücherwurm-Team“. Marie und Max dürfen das geheimnisvolle Paket öffnen. „Ein riesiges Büchersortiment: Sach-, Rätsel- und Bilderbücher und noch viele mehr!“, rufen die beiden Schüler begeistert. Auch Lehrer Lupe freut sich und ist stolz auf seine Drittklässler: „Was haltet ihr davon, wenn wir euren Erfolg feiern und zusammen ein Eis essen?“ Der spontane Ausflugsvorschlag ins Eiscafé in der Innenstadt von Knobelhausen wird von Jubelstürmen begleitet. Eine halbe Stunde später schlecken und löffeln die Kinder ihre Eisbecher auf Kosten von Leo Lupe. An einem Nachbartisch sitzen mysteriöse Gestalten: die böse Bonbon-Bande. „Das Getuschel und Gekritzel der drei kommt mir verdächtig vor. Die führen doch etwas im Schilde“, flüstert Tom seinem Freund Malte zu. Nachdem das stadtbekannte Ganoven-Trio das Eiscafé verlassen hat, entdecken die Neu-Schüler rätselhafte Papierfetzen auf deren Tisch.

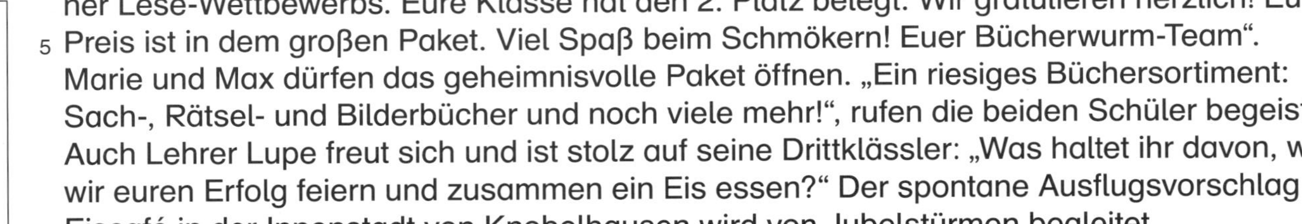


2

Lies. Erzähle. Male weiter. Schreibe weiter. Wie heißt das Eiscafé? Kreise ein.

Fall 17

# Löse mit Detektiv Pfiffig den 17. Fall!

1. Was ist in dem großen Paket?

2. Warum dürfen die Schüler ein Eis essen? Und wo?

3. Was hat die „böse Bonbon-Bande“ aufgeschrieben?

4. Schreibe eine eigene Frage und passende Antwort auf.

5. Schreibe eine weitere Suchaufgabe auf.

6. Kreuze eine Überschrift an oder ergänze eine eigene.

**Antworte in ganzen Sätzen.**
**Kontrolliere und verbessere.**

✓ → ☐ **Fall gelöst!**

**Kreuze an: 1 Lupe für 1, 2 Lupen für 2 und 3 Lupen für 3 richtige Antworten:**

**Tipps zu den Fragen:**

1. Lies die Z. 6–7.
2. Lies die Z. 3–4 und 8–12. Schau dir Bild 1 an.
3. Schau dir Bild 1 an.

**Lupen-Zusatzaufgaben:**

1. Schreibe, male und schneide dein eigenes geheimes Nachrichten-Puzzle.
2. Plant einen Lese-Wettbewerb.

**Fall 18**

# ○ Der dreiste Diebstahl ○ Der Schulfest-Schwindler ○ ______

In den letzten Wochen haben alle Schüler, Eltern und Lehrer der Neu-Schule diesen Tag fieberhaft vorbereitet. Es wurde geplant, gebastelt, gemalt, gesammelt, gehämmert und gebaut. Bereits am frühen Samstagmorgen treffen sich die Lehrer der Neu-Schule, um die zahlreichen Aktionsstände herzurichten und die Klassen und Flure zu schmücken. Hausmeister Kurt Kehrblech und Ecki Eckstoß kümmern sich um die Bühne und die Musik, Sekretärin Tina Tippi und Schulköchin Berta Brühe kochen Kaffee, Tee und bauen das leckere Kuchenbüfett im Schulhof auf und Edgar Engel und Karl Komma feilen noch mit Direktorin Dalli-Dalli an der Begrüßungsrede. Die Eltern bauen ihre Stände auf und zählen das Wechselgeld in ihren Geldkassetten. Die Schüler legen die selbst gestalteten Laufzettel bereit, auf denen die einzelnen Spiel- und Spaßstationen wie Sackhüpfen, Dosenwerfen und Eierlaufen abgestempelt werden.
Endlich ist es soweit: Um zehn Uhr eröffnet Dalli-Dalli das Schulfest.

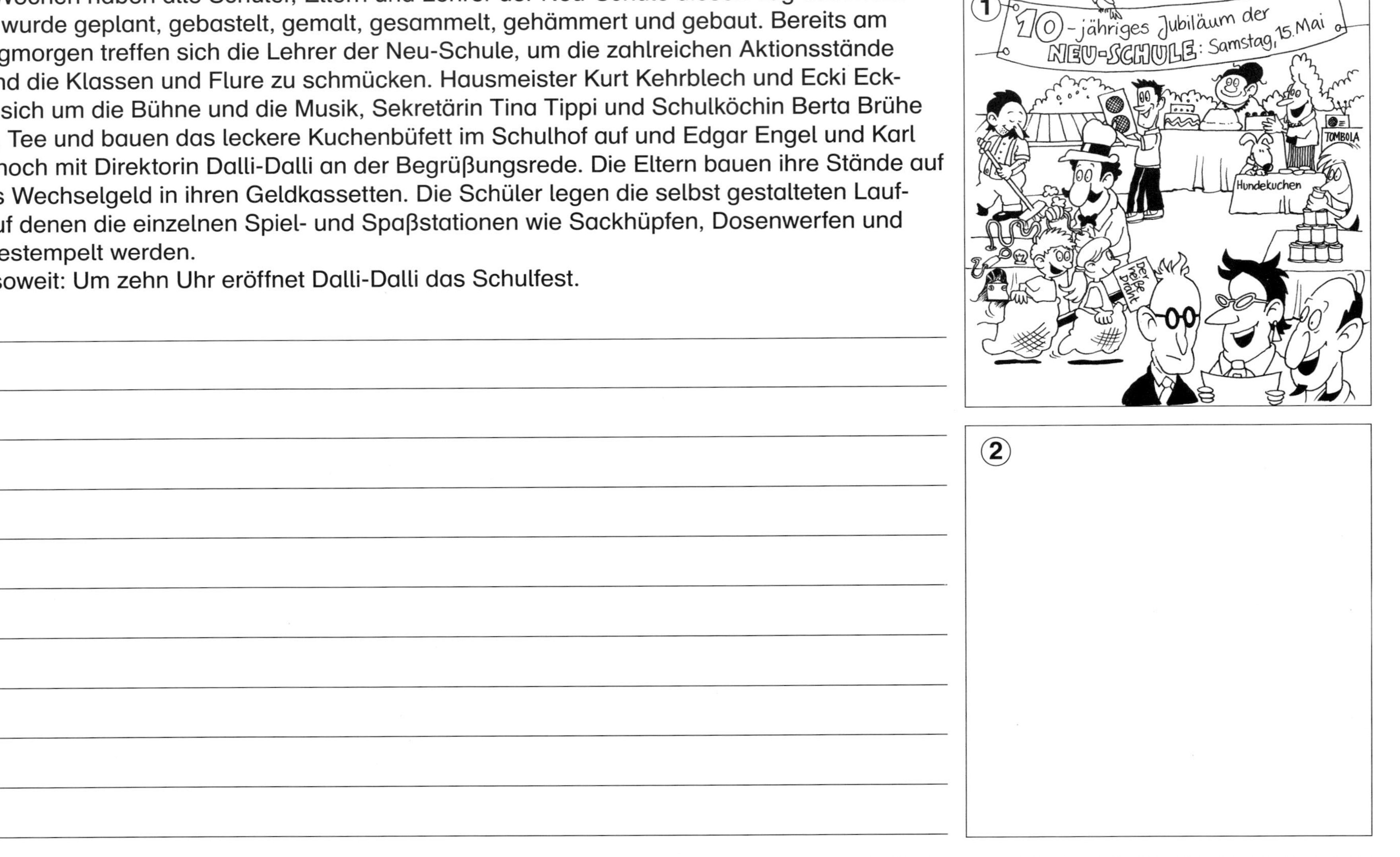


Lies. Erzähle. Male weiter. Schreibe weiter. **Wann genau findet das Fest statt? Kreise ein.**

Fall 18

# Löse mit Detektiv Pfiffig den 18. Fall!

1. Was feiert man an der Neu-Schule?

2. Was bereiten die Schüler, Lehrer und Eltern alles vor?

3. Was macht Detektiv Pfiffig auf der Schulfeier? Und Fiffi?

4. Schreibe eine eigene Frage und passende Antwort auf.

5. Schreibe eine weitere Suchaufgabe auf.

6. Kreuze eine Überschrift an oder ergänze eine eigene.

**Antworte in ganzen Sätzen.**
**Kontrolliere und verbessere.** ✓ ➡ ☐ **Fall gelöst!**

**Tipps zu den Fragen:**

1. Schau dir Bild 1 an.
2. Lies die Z. 4–10.
3. Schau dir Bild 1 an.

**Kreuze an: 1 Lupe für 1, 2 Lupen für 2 und 3 Lupen für 3 richtige Antworten:**

**Lupen-Zusatzaufgaben:**

1. Plane ein Spielefest mit Dosenwerfen, Sackhüpfen, Eierlaufen …
2. Gestalte einen Laufzettel mit Spielen für die Hofpause.

## Fall 19

○ **Der Verkehrsunfall** ○ **Die Fahrradtour** ○ ____________________

In der kommenden Woche will die Klasse von Gitti Gitarre eine Fahrradtour zum Stadtpark machen. „Ich schlage vor, jeder bringt etwas zu essen und zu trinken mit, sodass wir ein leckeres Picknick machen können", meldet sich Alexander. Auch Pia hat eine gute Idee: „Wenn einige Kinder noch Decken mitbringen würden, könnten wir uns darauf legen und faulenzen." Max ergänzt: „Ich bringe noch zwei Bälle mit, damit wir Fußball spielen können." Und Gitti Gitarre hat noch drei Überraschungen für ihre Schüler: „1. Ich habe vorgestern mit Detektiv Pfiffig telefoniert. Damit auf dem Hin- und Rückweg nichts passiert, radeln Pfiffig und Fiffi mit. 2. Ihr dürft jetzt gleich auf dem Schulhof das sichere Radfahren üben. 3. Wenn alles gut klappt und wir einen tollen Tag miteinander verbringen, geben Pfiffig und ich jedem von euch ein Eis aus. Und jetzt raus mit euch!" Jubelnd stürzen die Viertklässler aus dem Klassenraum, schnappen sich ihre Helme und schieben ihre Fahrräder zügig auf den Neu-Schulhof. Dort üben sie das schnelle und langsame Radfahren, das Abbiegen, das Bremsen und das sichere Auf- und Absteigen.

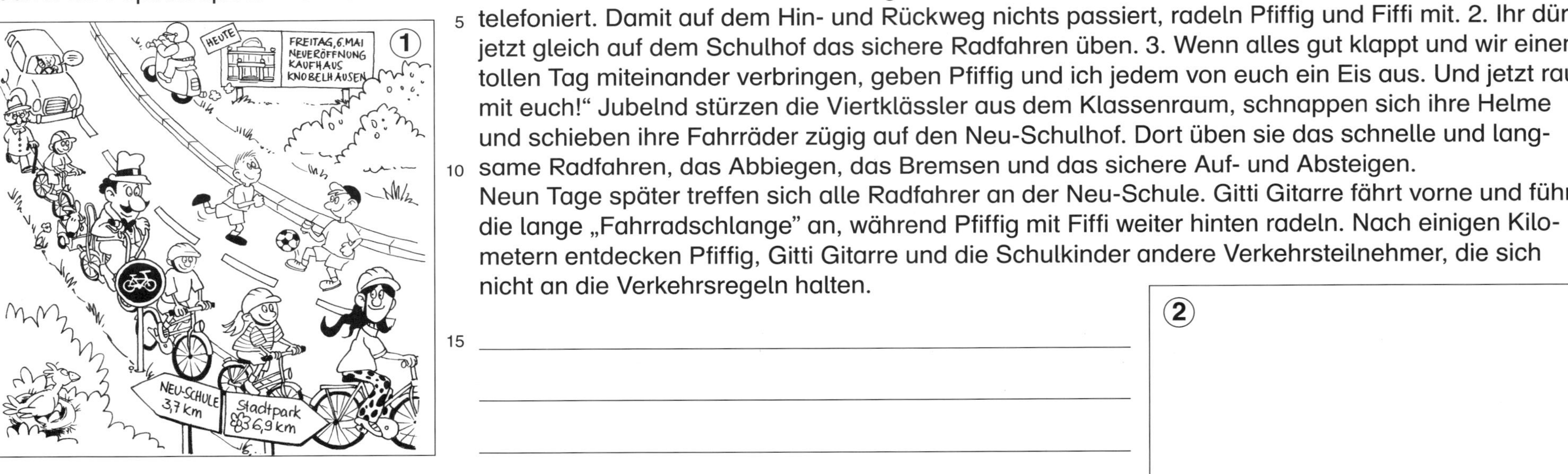


Neun Tage später treffen sich alle Radfahrer an der Neu-Schule. Gitti Gitarre fährt vorne und führt die lange „Fahrradschlange" an, während Pfiffig mit Fiffi weiter hinten radeln. Nach einigen Kilometern entdecken Pfiffig, Gitti Gitarre und die Schulkinder andere Verkehrsteilnehmer, die sich nicht an die Verkehrsregeln halten.

________________________________________

________________________________________

________________________________________

________________________________________

________________________________________

________________________________________

________________________________________

________________________________________

2

**Lies.** **Erzähle.** **Male weiter.** **Schreibe weiter.** **Wie viele Kilometer radeln sie insgesamt?** ____

Fall 19

# Löse mit Detektiv Pfiffig den 19. Fall!

1. Was hat die Klasse von Gitti Gitarre vor? Und was geben die Lehrerin und Pfiffig den Kindern aus, wenn alles klappt?

2. Wo ist Fiffi?

3. An welchem Wochentag hat Gitti Gitarre mit Pfiffig telefoniert?

4. Schreibe eine eigene Frage und passende Antwort auf.

5. Schreibe eine weitere Suchaufgabe auf.

6. Kreuze eine Überschrift an oder ergänze eine eigene.

**Antworte in ganzen Sätzen.**
**Kontrolliere und verbessere.**

✓ ➡ ☐ **Fall gelöst!**

**Kreuze an: 1 Lupe für 1, 2 Lupen für 2 und 3 Lupen für 3 richtige Antworten:**

**Tipps zu den Fragen:**

1. Lies die Z. 1 und 6–7.
2. Schau dir Bild 1 an.
3. Schau dir Bild 1 an. Lies die Z. 4–5 und 11.

**Lupen-Zusatzaufgaben:**

1. Plane eine Fahrradtour mit Freunden oder der Klasse.
2. Male dein Traumfahrrad.

**Fall 20**

## ○ Die Grusel-Nachtwanderung ○ Das Gespensterschloss ○ ____________

Nach einem langen Schultag kurz vor den Sommerferien zelten die 22 Drittklässler von Edgar Engel auf dem Rasen der Neu-Schule. Pfiffig, der mit Hund Fiffi und Lehrer Engel in einem Zelt übernachtet, hat eine gruselige Überraschung für die Kinder: „Ihr habt sicher schon einmal vom Knobelhausener Gespensterschloss gehört. Was haltet ihr davon, wenn wir eine Nachtwanderung zum Schloss machen und es besichtigen?“ Die Kinder brechen in Jubelstürme aus: „Hurra!“ „Das wird sicher spannend!“ „Vielleicht treffen wir sogar richtige Gespenster?“
Kurz vor Mitternacht wandern sie los. Doch bald weicht die Freude über den gemeinsamen nächtlichen Spaziergang und unbehagliche Gedanken kommen auf. Während die Jungen ihre Furcht mit coolen Sprüchen überspielen, sagen die Mädchen ehrlich, dass sie sich ängstigen:

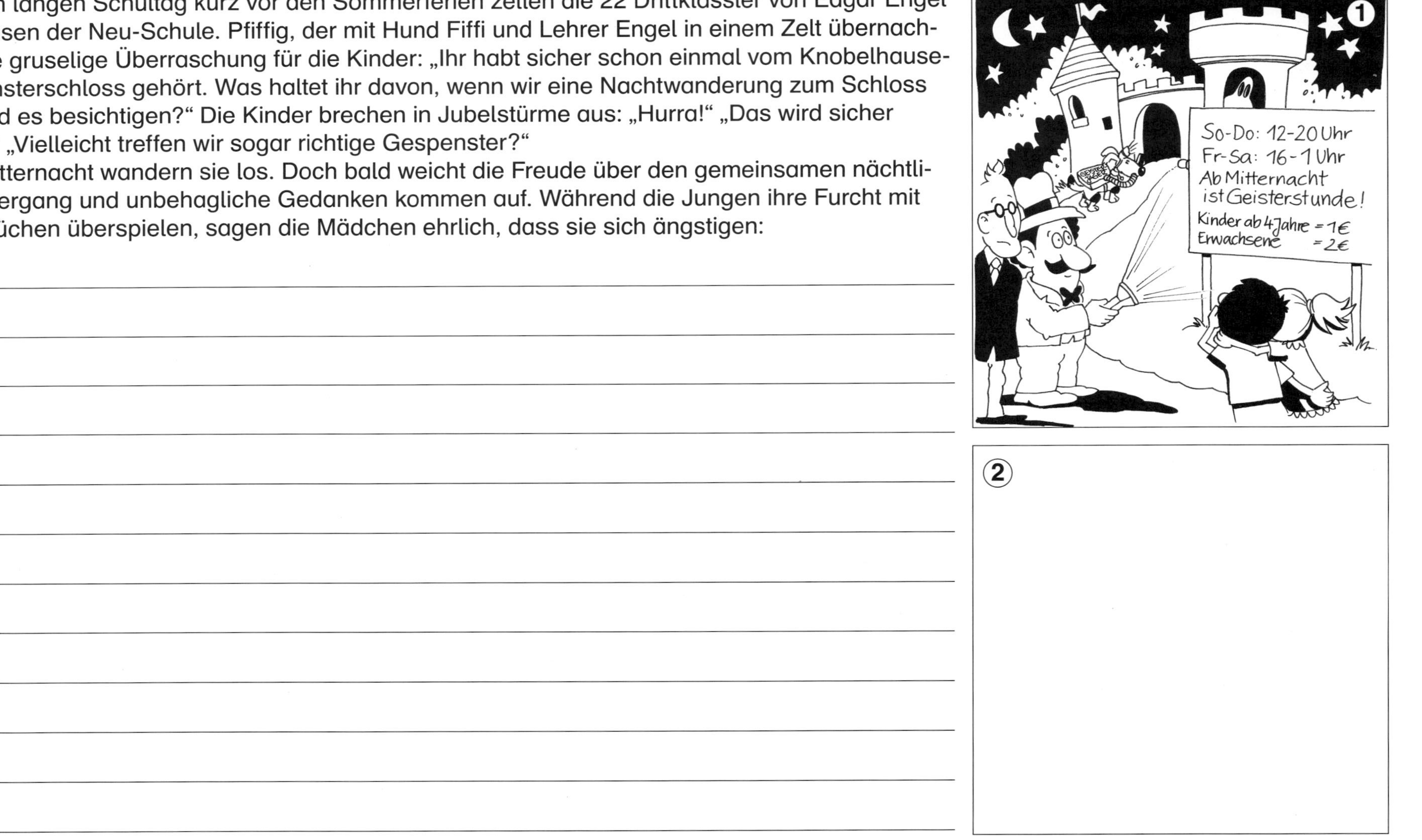


**Lies.** **Erzähle.** **Male weiter.** **Schreibe weiter.** **Wer hat freien Eintritt ins Schloss?** ____________

Fall 20

# Löse mit Detektiv Pfiffig den 20. Fall!

1. Wie viele Personen zelten auf dem Rasen der Neu-Schule?

2. Welche gruselige Überraschung hat Pfiffig für die Kinder?

3. An welchem Wochentag zelten sie?

4. Schreibe eine eigene Frage und passende Antwort auf.

5. Schreibe eine weitere Suchaufgabe auf.

6. Kreuze eine Überschrift an oder ergänze eine eigene.

**Antworte in ganzen Sätzen.**

**Kontrolliere und verbessere.**

✓ ➡ ☐ **Fall gelöst!**

**Kreuze an: 1 Lupe für 1, 2 Lupen für 2 und 3 Lupen für 3 richtige Antworten:**

**Tipps zu den Fragen:**

1. Lies die Z. 1–3.
2. Lies die Z. 3–5.
3. Lies die Z. 1 und schau dir Bild 1 an.

**Lupen-Zusatzaufgaben:**

1. Male ein Gespenstertreffen um Mitternacht.
2. Male eine gruselige Geisterbahn.

**Fall 21**

## ◯ Die rätselhafte Schatzkarte ◯ Der geheime Brief ◯ ____________

Die Kinder der Klassen 4a und 4b entrümpeln mit Kurt Kehrblech, Gitti Gitarre und Karl Komma den Dachboden der Neu-Schule. Sie entsorgen Müll und sortieren uralte Gegenstände für einen Schulflohmarkt aus: Möbel, altes Spielzeug, Bücher und Co. Plötzlich ruft Kai Karamell: „Kommt mal alle her! Ich habe eine alte verstaubte Papierrolle mit einer schwarzen Schleife gefunden!" Alle Viertklässler eilen herbei und umringen Kai neugierig. Er löst die Schleife und entrollt vorsichtig das Papier. Als sie mit ihren Taschenlampen auf das leicht vergilbte und eingerissene Papier leuchten, können sie ihren Augen kaum trauen. „Nicht zu glauben! Seht ihr auch, was ich sehe?", staunt Laura Lauscher.

①

②

**Lies.** **Schreibe weiter.** **Male Bilder dazu.** **Wähle eine Überschrift.** **Erfinde eine Suchaufgabe.**

Fall 22

## ◯ Die pfiffige Verabschiedung ◯ Feier mit Folgen ◯ ____________

①

„Kurz vor den Sommerferien ist bei den Schülern und Lehrern die Luft raus. Alle sind ferienreif – vor allem die Viertklässler. Denn sie sind mit ihren Gedanken bereits im 5. Schuljahr an der nächsten Schule. „Wir möchten ihnen aber eine tolle Verabschiedung bereiten. Hast du eine Idee, wie man unseren Schulabgängern eine Freude machen könnte?", fragt Ecki Eckstoß seinen Freund Pfiffig. Der Detektiv grübelt kurz nach: „Was hältst du davon:

②

**Lies.** **Schreibe weiter.** **Male Bilder dazu.** **Wähle eine Überschrift.** **Erfinde eine Suchaufgabe.**

# Lupen-Zusatz-Fall: ______________________

①

②

**Schreibe selbst einen Kurzkrimi.**

**Male Bilder dazu.**

# Pfiffigs Detektiv-Wörter-Liste

abhören, Abhöranlage
Agent
Alarmanlage
alarmieren
Alibi
analysieren
Angst
Anwalt
Archiv
aufdecken
aufregend
Aussage
Ausweis
Bank
befragen
begutachten
Belohnung
beobachten
berechnen
beschatten
beschreiben
betrachten
Beweis, beweisen, Beweisstück
bewerten
Bibliothek
Bleistift
Botschaft
Brille
Buch
Bücherei
Code
Computer
Deckname
denken
Detektei
Detektiv
Detektivbüro
Detektiv-Club
diagnostizieren

Diamanten
Dieb
Diebstahl
Diktiergerät
durchsuchen, Durchsuchung
entdecken
enthüllen
entlarven
entschlüsseln
entziffern
Erbe
erforschen
ergründen
erkunden
erleben
ermitteln
erpressen
ertappen
erwischen
Fall
Falschgeld
Fälschung, gefälscht
fassen
faszinierend
Fernglas
Fernsehen
Festnahme, festnehmen
feststellen
Fingerabdruck
Fingerabdruckspulver
Flaschenpost
fliehen
Flucht, Flüchtling
Foto, Fotoapparat
fotografieren
Funkgerät
fürchten
Gauner
gefährlich

Gefängnis
geheim
Geheimgang
Geheimnis
Geheimschrift
Geheimsprache
Geld
Gemälde
Gemeinheit
Geräusche
Gericht
Geständnis, gestehen
Gold
grübeln
gruseln
Gummihandschuhe
Handschellen
Handy
Hauptquartier
Hinterhalt
Hinweis
interessant
jagen
Kartei
Kassettenrekorder
Kaufhausdetektiv
klauen
knifflig
kombinieren
Kommissar
kostbar
Kreide
Kreuzverhör
Krimi
Kriminalfall
lauschen
Logik, logisch
Lüge, lügen
Lupe

Maßband
merkwürdig
Museum
mutig
mysteriös
nachgehen
notieren
Notiz, Notizblock
Opfer
Periskop
Personenbeschreibung
Pfeife
Phantombild
Pinsel
Pinzette
Pistole
Plan
Polizei, Polizist
Privatdetektiv
Rätsel, rätselhaft
Raub, rauben, Räuber
Recherche, recherchieren
Richter
Schatz
Schatzkarte
Scherben
schleichen
Schmuck
Schuss
seltsam
spannend
Spion
Spitzel
Spur
Spurensicherung
Steckbrief
stehlen
Stempel
suchen

tarnen, Tarnung
Taschendieb
Taschenlampe
Taschenmesser
Tat
Täter
Tathergang
Tatmotiv
Tatort
Tatwerkzeug
Tatzeit
Telefon, telefonieren
Testament
teuer
Trick
Überfall, überfallen
überlegen
Uhr, Uhrzeit
unheimlich
untersuchen
Verbrechen, Verbrecher
Verdacht, verdächtigen, Verdächtiger
verfolgen
Verfolgungsjagd
verheimlichen
Verhör, verhören
verletzen, Verletzung
vermissen
vernehmen, Vernehmung
verraten
verschwinden
Versteck, verstecken
Walkie-Talkie
wertvoll
Zeichen
Zeitung
Zeuge
Zeugenaussage
zugeben

**Du kannst diese Wörter für deine eigenen Kurzkrimis verwenden.** **Schlage die Wörter nach, die du nicht kennst.**

# Pfiffigs Krimi-Rezept und Codes & Co

**Pfiffigs Krimi-Rezept**

1. **Situationen:** Sammle Situationen, die du aus deiner Schule kennst (Karneval, Lesenacht, Sportfest, Ferien ...).
   Schreibe auf: ______
2. **Orte:** Sammle Orte, die es in der Schule gibt oder die du mit deiner Klasse besuchst (Pausenhof, Museum, Zoo ...).
   Schreibe auf: ______
3. **Täter und Opfer:** Sammle Personen, die in einer Grundschule Täter und Opfer sein könnten (Schüler, Lehrer ...).
   Schreibe auf: ______
4. **Tat:** Sammle mögliche Taten und Tatabläufe, die in einer Grundschule passieren könnten (Diebstahl von Sammelkarten, Streit in der Pause ...).
   Schreibe auf: ______
5. **Motiv:** Sammle Gründe für die Tat (kein Geld, Neid, Rache ...).
   Schreibe auf: ______
6. **Humor:** Sammle lustige Sprüche, Situationen, Bilder, Krimi-Enden, die den Krimi auflockern (Hund Fiffi macht etwas Lustiges ...).
   Schreibe auf: ______
7. **Krimi-Wörter:** Sammle Wörter, die für einen Krimi typisch sind oder den Text spannender machen (logisch, verdächtigen ...). = „Pfiffigs Detektiv-Wörter“
   Schreibe auf: ______
8. **Falsche Fährten:** Sammle falsche Fährten, die auch auf andere Täter hinweisen könnten (mehrere mögliche Täter ...).
   Schreibe auf: ______
9. **Lösung:** Sammle Lösungsmöglichkeiten, wie der Täter entlarvt oder der Fall gelöst wird (unlogische Aussage, Aussehen, Codes ...).
   Schreibe auf: ______
10. **Auswahl:** 1: ______ 2: ______ 3: ______ 4: ______
    5: ______ 6: ______ 7: ______ 8: ______ 9: ______

**Codes & Co:** Probiere diese sechs Codes aus.

**1. Der Papier-Code**

a) Mit einem Stift eine Nachricht auf einen Notizblock schreiben. Wichtig: Beim Schreiben kräftig drücken!

b) Den darunter liegenden Zettel mit einem flach angelegten Bleistift schwärzen, sodass der Text zum Vorschein kommt.



**2. Bleistift-Code**



Papierband um Bleistift wickeln, Nachricht schreiben und abwickeln.

**3. Scheiben-ABC**



**4. Morse-ABC** (mit Taschenlampe)

| | | | |
|---|---|---|---|
| A ·– | J ·––– | S ··· | X –··– |
| B –··· | K –·– | T – | Y –·–– |
| C –·–· | L ·–·· | U ··– | Z ––·· |
| D –·· | M –– | V ···– | |
| E · | N –· | W ·–– | |
| F ··–· | O ––– | | |
| G ––· | P ·––· | | |
| H ···· | Q ––·– | | |
| I ·· | R ·–· | | |

**5. Winker-Flaggen-ABC** (mit Papiertüchern)

A B C D E F G H I J K L M N O P Q R S T U V W X Y Z

**6. Finger-ABC**

A B C D E F G H I J K L M N O P Q R S T U V W X Y Z

# Lösungskarten für die Selbstkontrolle: Cover für das Lösungsheft und Fall 1

An dieser Stelle die Kanten aneinanderheften.

## Lösungskarten

Kontrolliere.

Fall gelöst?



**Fall 1**

①

**Was wurde gestohlen? Kreise ein.**

1. Wer besucht die Neu-Schule? Zu welcher Jahreszeit und Uhrzeit?

   *Detektiv Pfiffig und sein Hund Fiffi besuchen die Neu-Schule. Sie kommen im Sommer zu Besuch zwischen 11.30 Uhr und 11.45 Uhr.*

2. Welcher Erwachsene begrüßt den Besuch zuerst? Welchen Beruf hat er an der Neu-Schule?

   *Kurt Kehrblech begrüßt Detektiv Pfiffig zuerst. Kurt Kehrblech ist der Hausmeister der Neu-Schule.*

3. Was bekommt Hund Fiffi zur Begrüßung? Und von wem?

   *Zur Begrüßung bekommt Hund Fiffi einen leckeren Knochen von Schulköchin Berta Brühe.*

4. Wer weint warum? Und wie heißt ihre Klassenlehrerin?

   *Wilma Winsel aus der 4a weint, weil angeblich jemand ihr Souvenir aus ihrem Australien-Urlaub in der Hofpause gestohlen haben soll. Wilmas Klassenlehrerin heißt Gitti Gitarre.*

5. Wer ist der Dieb? Begründe.

   *Der Junge mit der gestreiften Mütze ist der Dieb. In Bild 3 sitzt seine Mütze viel höher auf seinem Kopf als auf Bild 1. Man sieht auch den Schwanz vom Känguru unter der Mütze. Er hat das Känguru unter seine Mütze versteckt, nachdem er es Wilma Winsel im Begrüßungsgetümmel auf dem Pausenhof gestohlen hatte.*

# Lösungskarten für die Selbstkontrolle: Fälle 2 und 3

**Fall 3**

## Welche Strecke ist länger (6. Kopfnuss)? A = B

1. Wie lautet die Lösung der ersten Kopfnuss?

   *In die Stadt gehen Großmutter, Mutter und Tochter – also drei Frauen, die jeweils einen Rock kaufen. Die Mutter ist sowohl Mutter der Tochter als auch Tochter der Großmutter!*

2. Wie lauten die Lösungen der a) zweiten und b) dritten Kopfnuss?

   *a) In der Figur sind 9 Rechtecke und 16 Dreiecke versteckt.*

   *b) 1. ist Sandra, 2. Lea, 3. Tina und 4. Nina.*

3. Wie sieht die Lösung der vierten Kopfnuss aus? Zeichne.

4. Wie lautet die Lösung der fünften Kopfnuss?

   *Die Boygroup sind „Die Bremer Stadtmusikanten".*

5. Wie sieht die Lösung der siebten Kopfnuss aus? Zeichne.



**Fall 2**

## Wer sind Karin Knipser und Bubi Blitzer? Kreise ein.

1. Wohin fährt die Klasse von Ecki Eckstoß? Wie lange dauert die Hinfahrt?

   *Die Klasse von Ecki Eckstoß macht einen Ausflug und fährt mit dem Bus zum Zoo. Die Hinfahrt dauert eine Stunde, da sie um 8 Uhr losfahren und um 9 Uhr ankommen.*

2. Wie viel Eintrittsgeld muss Ecki Eckstoß für sich und seine Klasse insgesamt bezahlen? Wie viel Geld bekommt er zurück?

   *Ecki Eckstoß muss insgesamt 112 Euro für sich und seine 25 Schüler bezahlen. Er bekommt 88 Euro zurück, da er mit einem 200-Euro-Geldschein bezahlt.*

3. Was hat Ecki Eckstoß mit den ausgedruckten Zoo-Fotos vor?

   *Die Kinder können mithilfe der ausgedruckten Zoo-Fotos erste Zoogeschichten schreiben, die zu einem Zoo-Buch für die Klassenbücherei zusammengeheftet werden.*

4. Wieso braucht Pfiffig die Hilfe von zwei Kindern, um die Futter-Räuber zu überführen? Und wie heißen diese zwei Kinder?

   *Karin Knipser und Bubi Blitzer haben während des Zoobesuchs Fotos mit ihren Digitalkameras gemacht. Pfiffig vermutet, dass auf den Fotos die Futter-Räuber auf frischer Tat zu entdecken sind.*

5. Wer sind die Futter-Räuber? Und wer hat was geklaut?

   *Einige der Zootiere sind die Futter-Räuber. Die Giraffe klaut Birnen. Der Elefant trinkt aus dem Trinkpäckchen. Der Papagei knabbert von den Erdnüssen. Der Affe stibitzt Bananen. Der Hase futtert Möhren. Die Ziege frisst Salzstangen. Und das Schaf kaut Kaugummi.*

# Lösungskarten für die Selbstkontrolle: Fälle 4 und 5

## Fall 5

### Wo liegt der Spickzettel? Kreise ein.

1. Wann schreiben die Schüler von Lehrer Karl Komma die Deutscharbeit (Wochentag, Datum, Uhrzeit)?

   *Die Schüler von Karl Komma schreiben am Freitag, 4. Oktober ab 8 Uhr die Deutscharbeit.*

2. Wer nennt die drei neuen Rechtschreibregeln? Und wie lautet die dritte Regel?

   *Felix Fantastico nennt die drei neuen Rechtschreibregeln.*

   *Die dritte Regel lautet: Nach einem kurzen Selbstlaut oder Umlaut folgt meist ein doppelter Mitlaut!*

3. Warum ist Karl Komma enttäuscht? Und warum verdächtigt er nur Carolin, Felix, Tim und Lea?

   *Karl Komma ist enttäuscht, weil ein Kind einen Spickzettel geschrieben und damit geschummelt hat. Er verdächtigt nur diese vier Kinder, weil der Spickzettel unter ihrem Gruppentisch auf dem Boden liegt.*

4. Warum lässt Lehrer Komma alle Schüler die Deutscharbeit zu Ende schreiben?

   *Lehrer Komma lässt alle Schüler die Deutscharbeit zu Ende schreiben, weil er hofft, dass sich der Schummler anschließend freiwillig meldet.*

5. Wer hat den Spickzettel geschrieben? Begründe.

   *Tim hat den Spickzettel geschrieben. Auf dem Zettel stehen die Wörter „Ferlängere“ und „ferwandte“ mit der falschen Vorsilbe „fer-“. Und nur in seinem Deutschheft ist dieser Fehler erneut mehrfach zu entdecken: „ferlor“ und „Fußballferein“.*

## Fall 4

### Wo ist das gestohlene Zirkus-Geld? Kreise ein.

1. An welchem Wochentag wird das Zirkuszelt aufgebaut? Wer hilft beim Aufbau mit? Und wie lange gastiert der Zirkus?

   *Das Zelt wird an einem Sonntag von Eltern der Neu-Schüler, Lehrern und den Zirkusleuten aufgebaut. Der Zirkus gastiert eine Woche.*

2. Wie teuer ist die Zirkuswoche? Wie werden die Kosten abgedeckt?

   *Die Zirkuswoche kostet ca. 10.000 Euro. Durch den Verkauf von Eintrittskarten, des Zirkusfilms, von Popcorn, Zuckerwatte und Getränken werden die Kosten abgedeckt.*

3. Wo sind Pfiffig und Hund Fiffi während der Vorstellung?

   *Beide sind in der Zirkusmanege: Pfiffig ist ein Clown. Und Fiffi sitzt in der „Schwerter-Kiste“. Fiffi heult, als ob er von den Schwertern „aufgespießt“ wird.*

4. Wie funktionieren die Tricks „Schwerter-Kiste“, „Gewichtheber“, „Fakir“ und „Tücher-Jonglage“?

   *Die Löcher für die Schwerter sind am Rand der Kiste, sodass die Person in der Kiste nicht verletzt werden kann. An den Gewichten wurde die Maßeinheit „g“ mit dem Schild „kg“ überklebt. Der Fakir liegt auf einem Nagelbrett mit verkehrt herum eingeschlagenen Nägeln. Die Tücher sind aus leichtem, langsam fliegendem Chiffonstoff, sodass das Jonglieren sehr einfach wird.*

5. Wer lügt und ist der Täter?

   *Fräulein Zack lügt. Sie behauptet, sie hätte geschlafen. Doch sie ist geschminkt und hat eine Hochsteckfrisur. So legt sich niemand zum Schlafen ins Bett. Sie hat das Geld draußen in der „Chiffontücher-Kiste“ versteckt.*

# Lösungskarten für die Selbstkontrolle: Fälle 6 und 7

## Fall 7

### Wo ist das gestohlene Sparschwein? Kreise ein.

1. Wie erhält Pfiffig seine Einladung zur Kunstausstellung? Und wann erhält er die Einladung (Wochentag und Datum)?

   *Die Einladung liegt in seinem Briefkasten. Wahrscheinlich hat ein Schüler der 3b sie dort hineingeworfen. Pfiffig erhält sie zehn Tage vor dem Tag der Kunstausstellung (Do., 28. Oktober) – also am Montag, den 18. Oktober.*

2. Was wird in dieser Kunstausstellung gezeigt? Und von wem?

   *In dieser Kunstausstellung werden „Quatschbilder“ mit Fehlern ausgestellt. Die Bilder haben die Kinder der 3b von Leo Lupe in Pia Pinsels Kunstunterricht gemalt.*

3. Warum sind die Schüler von Leo Lupe aufgeregt, als Pfiffig ihre Kunstausstellung besucht?

   *Sie freuen sich, dass Pfiffig und Fiffi die Kunstausstellung besuchen. Und jedes Kind der 3b will, dass Pfiffig sich zuerst sein Bild anschaut.*

4. Welche Fehler haben sich in den Quatschbildern „In der Stadt“, „Im Meer“ und „Auf dem Bauernhof“ versteckt?

   *„In der Stadt“: Glühbirnen am Birnbaum, Uhr mit vier Zeigern, eckige Räder, Flecko mit Koffer, Kind geht Wand hoch*

   *„Im Meer“: Anker an Wasseroberfläche, Kraken spielen Karten, Fisch mit Propeller, Kind geht auf Wasser, Qualle sieht TV*

   *„Auf dem Bauernhof“: Hase mit drei Ohren, Huhn auf Riesenei, Regenwurm mit Regenschirm, Schnecke mit richtigem „Haus“*

5. Wer ist der „Sparschwein-Dieb“? Erkläre.

   *Der Junge mit der Brille ist der „Sparschwein-Dieb“. In Bild 2 sieht man, dass der Dieb eine Armbanduhr am Handgelenk trägt und der Ärmel des Pullis gestreift ist. Die Uhr wird vom langen Ärmel des Pullis verdeckt.*

## Fall 6

### Welche Dinge wurden gestohlen? Kreise sie in Bild 1 ein.

1. Was kann man am „Tag der offenen Tür“ an der Neu-Schule tun? Wie soll man sich verhalten?

   *Eltern und deren zukünftige Schulkinder dürfen sich das Gebäude, die Turnhalle, den Fußballplatz, die Klassenräume und den Unterricht der Neu-Schule anschauen. Die Besucher sollen sich leise verhalten.*

2. Wie heißt die Sekretärin? Und worum bittet sie Pfiffig?

   *Die Sekretärin heißt Tina Tippi. Sie bittet Pfiffig, beim Verteilen der Infoblätter an die Eltern zu helfen und ein Plakat aufzuhängen.*

3. Was passiert in der Zeit, in der das Sekretariat unbeaufsichtigt ist?

   *Jemand hat das Sekretariat durchwühlt und mehrere Dinge gestohlen.*

4. In welchen Klassenraum verschwindet der Dieb? Und wer ist die Lehrerin?

   *Der Dieb verschwindet in der Klasse 2a. Die Lehrerin ist Direktorin Dalli-Dalli.*

5. Wen muss Tina Tippi anrufen, um den Dieb zu überführen? Erkläre.

   *Tina Tippi muss ihre eigene Handynummer wählen. Denn der Dieb hat unter anderem ihr Handy gestohlen. Sobald sie also anruft, klingelt ihr eigenes Handy und Pfiffig weiß, wer der Dieb ist.*



Bernd Wehren: Lesen und Schreiben mit Detektiv Pfiffig 4

# Lösungskarten für die Selbstkontrolle: Fälle 8 und 9

## Fall 8

### Was klaut der diebische Schatten? Kreise ein.

1. Welches Schattentheaterstück führen die Schüler von Lehrerin Maria Millimeter auf?

   *Sie führen das Märchen „Schneewittchen" auf*

2. Erkläre, was „Requisiten" sind. Welche Requisiten werden bei diesem Schattentheaterstück gebraucht?

   *Requisiten sind bewegliche Gegenstände, die z. B. in Theaterstücken verwendet werden. Hier brauchen die Kinder unter anderem Schmuckstücke, Mützen, Bärte, Grubenlampen, Riemen, Apfel, Kamm, Krone, Halskette und Spiegel.*

3. Was macht Fabian? Und was spielen Julia und Hund Fiffi?

   *Fabian ist der Märchenerzähler. Julia spielt „Schneewittchen" und Fiffi einen der sieben Zwerge.*

4. Woher weiß Pfiffig, dass der Dieb nach dem Abbiegen nicht weitergefahren ist?

   *Der Dieb kann nicht weitergefahren sein, weil er in eine Sackgasse abgebogen ist (siehe Verkehrsschild).*

5. Wo ist der „diebische Schatten" geblieben? Begründe.

   *Der „diebische Schatten" ist im Haus mit der Nummer 6 zu sehen. Denn nur die Reifenspuren vor diesem Haus passen zu seinem Autoreifen-Profil. Er ist im rechten Fenster der 1. Etage zu sehen. Denn nur dieser Schatten dieses Hauses hat drei hochstehende Haare wie der Schatten auf dem Laken.*

## Fall 9

### Wer ist sicher <u>kein</u> Wandmaler? Kreise die Beweise ein.

1. Zu welcher Jahreszeit, an welchem Wochentag und zu welcher Uhrzeit spazieren Pfiffig und Fiffi an der Neu-Schule vorbei?

   *Sie spazieren im Winter an einem Sonntag um 12 Uhr an der Neu-Schule vorbei.*

2. Warum denkt Pfiffig, dass die Wandmaler Neu-Schüler sind?

   *Pfiffig hört einen Jungen rufen: „Weg hier! Pfiffig kommt!" Das Kind kennt Pfiffig also. Daher sind die Wandmaler wahrscheinlich Neu-Schüler.*

3. Wieso vermutet Dalli-Dalli, dass die Wandmaler aus der Klasse 4a kommen könnten?

   *Das Wandbild zeigt den Weihnachtsmann. Die Wandmaler könnten aus der Klasse 4a kommen, da die Schüler von Gitti Gitarre gerade im Kunstunterricht Weihnachtsbilder malen.*

4. Warum erzählen Pfiffig und Gitti Gitarre nicht sofort zu Beginn des Erzählkreises von der Wandmalerei?

   *Wenn Pfiffig und Gitti Gitarre zu Beginn des Erzählkreises von der Wandmalerei berichtet hätten, würden die Täter niemals von ihren Wochenenderlebnissen erzählen.*

5. Wer sind die Wandmaler? Begründe.

   *Marvin Melone und Paula Plapper zeigen Fotos, die niemals am Sonntag geschossen wurden. Denn zum einen fährt die Müllabfuhr nur werktags und zum anderen sind Schüler mit ihren Schulranzen nie sonntags unterwegs. Auch Franka Flötenbart gehört zu den Wandmalern. Denn woher sollte sie sonst die Täteranzahl wissen?*

# Lösungskarten für die Selbstkontrolle: Fälle 10 und 11

③

**Fall 10**

## Wer hat den „Endlos-Kauknochen“ stibitzt? Kreise ein.

1. Wer leitet die „Erfinder-AG“? Wo basteln die kleinen Erfinder?

   *Lehrer Leo Lupe leitet die „Erfinder-AG“. Die kleinen Erfinder basteln im Werkraum der Neu-Schule.*

2. Wer hat was erfunden?

   *Lisa Lustig hat die „Lach-Limo“ erfunden, Nico Nägelchen den „Hausaufgaben-Roboter“, Helga Heiamann die „Schlafbrille“, Max Muff „Zucki – Die süße Zahnpasta“ und Karin Karies die „Endlos-Lollis“.*

3. Wessen Vorstellung der eigenen Erfindung wird unterbrochen? Und wodurch?

   *Karin Karies' Vorstellung ihrer „Endlos-Lollis“ wird durch einen Kurzschluss unterbrochen. Der Werkraum ist völlig dunkel.*

4. Was hört man während der Unterbrechung?

   *Nach kurzem Aufschreien hört man ein Rascheln, Zerreißen von Papier, Schlürfen und Kichern.*

5. Wer sind die „Ideen-Diebe“? Und was haben die stibitzt?

   *Tatjana Tüftel hat von der „Lach-Limo“ getrunken. Sie lächelt plötzlich und hält den Flaschenverschluss in ihrer linken Hand. In ihrer rechten Hand hält sie einen Endlos-Lolli. Freddy Forscher hat die Schlafbrille hinter seine eigene Sonnenbrille und die Formeln und Bastelanleitung in seine Jackentasche gesteckt.*

①

**Fall 11**

## Welche Band singt das Lied „Brei“? Kreise ein.

1. Welche Gesangswettbewerbe schauen sich die Kinder der Neu-Schule im Fernsehen an?

   *Sie schauen sich „Rockstars“, „Außer Rand und Band“, „Die Volksmusikanten“, „Schlager-Quark“ und „Auf der Suche nach den Superstars“ an.*

2. Beantworte die drei Fragen von Tim.

   *a) Die Schüler aus den 3. und 4. Klassen dürfen teilnehmen.*

   *b) Die Jury-Mitglieder sind Ecki Eckstoß, Gitti Gitarre und Pfiffig.*

   *c) Den Gesangswettbewerb moderiert Doris Dalli-Dalli.*

3. Was wollen Hund Fiffi „vorjaulen“ und Kater Kuno „vormiauen“?

   *Hund Fiffi will etwas von den „Rolling Bones“ (= rollende Knochen) oder/und den „The Beagles“ (= Hunderasse) vorjaulen. Und Kater Kuno will etwas von „Cats“ (= Katzen) vormiauen.*

4. Wie heißen die beiden „Superstars“ der Neu-Schule? Begründe.

   *Der männliche Superstar heißt Jan. Denn er trägt als einziger eine Mütze, aber keine Brille, und steht neben einem anderen Jungen. Der weibliche Superstar heißt Pia. Denn nur sie hat Sommersprossen, steht neben einem anderen Mädchen, trägt aber keine Brille.*

5. Was haben die beiden „Superstars“ gesungen?

   *Jan hat von „Karell Flott“ das Lied „Hummel Helga“ und Pia hat von „No Devils“ das Lied „Nightcry in your ears“ vorgesungen.*

# Lösungskarten für die Selbstkontrolle: Fälle 12 und 13

①

**Fall 12**

## Was ist an der Uhrensammlung faul? Kreise ein.

1. Was findet an diesem Wochenende in Knobelhausen statt? Und wo genau?

   *An diesem Wochenende findet eine Auktion im Museum von Knobelhausen statt.*

2. Was ersteigern Pia Pinsel, Dalli-Dalli und Zacharias Ziffer? Und wie teuer sind die Dinge?

   *Pia Pinsel ersteigert das Gemälde „Mädchen unter dem Sternenhimmel" für 2.000 Euro. Dalli-Dalli ersteigert den Liebesbrief des Grafen von Knobelhausen für 50 Euro. Zacharias Ziffer ersteigert eine Uhrensammlung für 300 Euro.*

3. Was ist an den ersteigerten Dingen von Pia Pinsel und Dalli-Dalli faul?

   *Das Gemälde ist eine Fälschung, denn im Jahre 1452 gab es noch keine Taschenlampen. Der Liebesbrief ist datiert auf den 31.6.1885. Es gibt aber keinen 31.6. Der Juni hat nur 30 Tage.*

4. Welche zwei Fälschungen entdeckt Pfiffig außerdem?

   *Das Wechselgeld ist Falschgeld. Auf dem 50-Euro-Schein befindet sich auch die Zahl „60".*

   *Der Kaiser von China hat eine Glatze. Er braucht also folglich keinen Kamm. Und das echte Haar ist ein beliebiges Haar.*

5. Wen ruft Pfiffig an? Und was sind „Schwedische Gardinen"?

   *Pfiffig ruft Kommissar Hansi Klein an. „Schwedische Gardinen" ist eine Bezeichnung für das Gefängnis. Mit „Gardinen" sind die Fenster-Eisenstangen gemeint.*

②

**Fall 13**

## Welche Ziffernkombination öffnet das Schloss? Ergänze.

1. Wie heißt der Mathelehrer? Wie heißt der Klassenlehrer der 4b?

   *Der Mathelehrer heißt Zacharias Ziffer und der Klassenlehrer heißt Karl Komma.*

2. Was vermuten die Kinder unter dem Tuch? Und was versteckt sich tatsächlich darunter?

   *Die Kinder vermuten, dass sich ein Computer, ein Fernseher oder eine Schatzkiste unter dem Tuch befindet. Tatsächlich versteckt sich ein Tresor unter dem Tuch.*

3. Wie viele Ziffernkombinationen sind nur möglich? Welche Kombinationen finden die Viertklässler?

   *Es gibt genau 6 Ziffernkombinationen, wenn die drei Ziffern bekannt sind und jede genau einmal vorkommt: 249-294-429-492-924-942.*

4. Welche Zahlenkombination öffnet die Tür? Was holt Kai aus dem Tresor?

   *Die richtige Ziffernkombination lautet 924. Kai holt das Buch „Die drei kleinen Tresorknacker" aus dem Tresor.*

5. Schreibe alle Ziffernkombinationen von Tims Zahlenschloss auf. Wie viele Ziffernkombinationen sind nur möglich, wenn jede Ziffer genau einmal vorkommt?

   *3578-3587-3758-3785-3857-3875 – 5378-5387-5738-5783-5837-5873 – 7358-7385-7538-7583-7835-7853 – 8357-8375-8537-8573-8735-8753*

   *Es gibt genau 24 Ziffernkombinationen, wenn die vier Ziffern bekannt sind und jede genau einmal vorkommt.*

# Lösungskarten für die Selbstkontrolle: Fälle 14 und 15

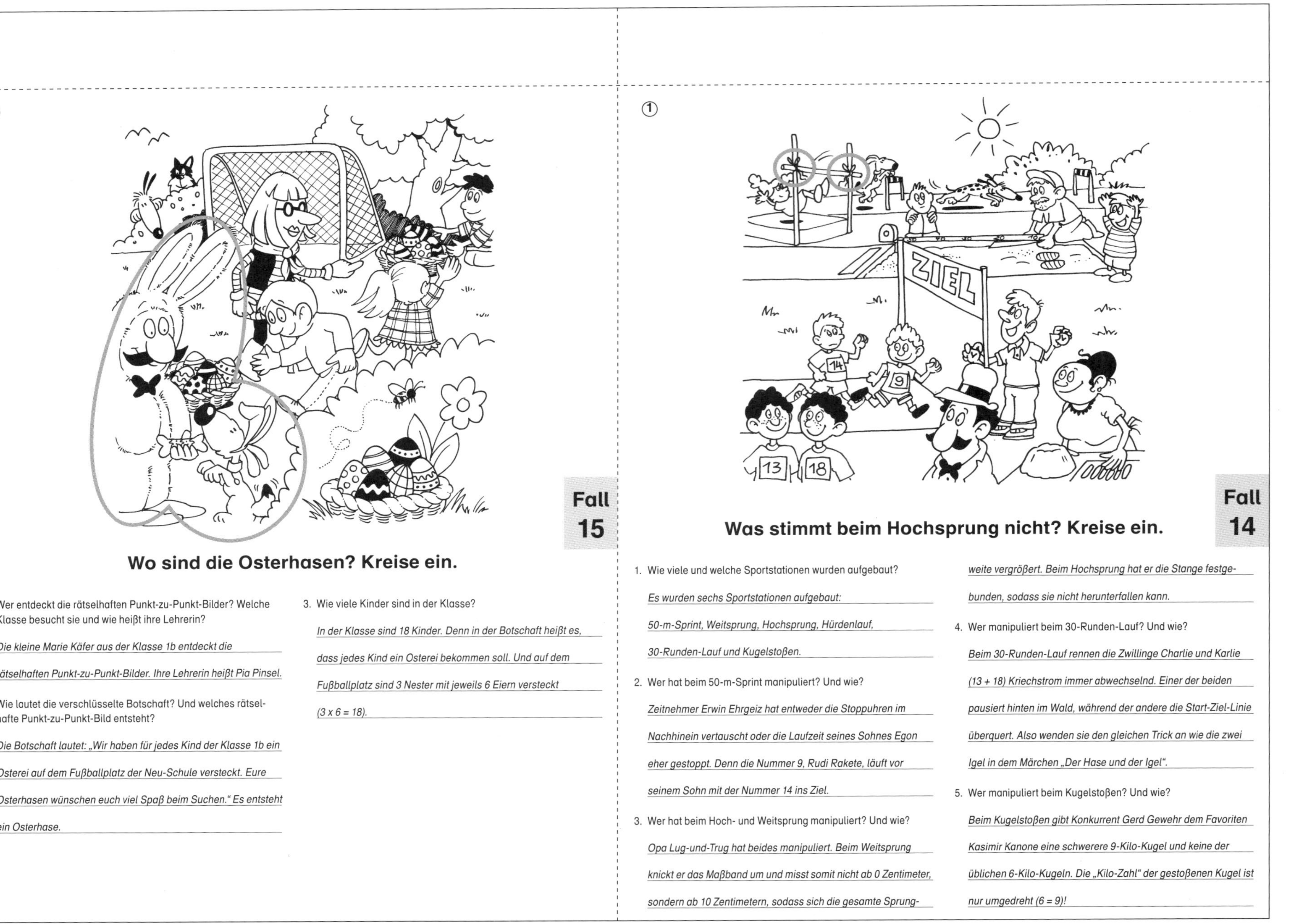


①

## Fall 14

### Was stimmt beim Hochsprung nicht? Kreise ein.

1. Wie viele und welche Sportstationen wurden aufgebaut?

   *Es wurden sechs Sportstationen aufgebaut: 50-m-Sprint, Weitsprung, Hochsprung, Hürdenlauf, 30-Runden-Lauf und Kugelstoßen.*

2. Wer hat beim 50-m-Sprint manipuliert? Und wie?

   *Zeitnehmer Erwin Ehrgeiz hat entweder die Stoppuhren im Nachhinein vertauscht oder die Laufzeit seines Sohnes Egon eher gestoppt. Denn die Nummer 9, Rudi Rakete, läuft vor seinem Sohn mit der Nummer 14 ins Ziel.*

3. Wer hat beim Hoch- und Weitsprung manipuliert? Und wie?

   *Opa Lug-und-Trug hat beides manipuliert. Beim Weitsprung knickt er das Maßband um und misst somit nicht ab 0 Zentimeter, sondern ab 10 Zentimetern, sodass sich die gesamte Sprungweite vergrößert. Beim Hochsprung hat er die Stange festgebunden, sodass sie nicht herunterfallen kann.*

4. Wer manipuliert beim 30-Runden-Lauf? Und wie?

   *Beim 30-Runden-Lauf rennen die Zwillinge Charlie und Karlie (13 + 18) Kriechstrom immer abwechselnd. Einer der beiden pausiert hinten im Wald, während der andere die Start-Ziel-Linie überquert. Also wenden sie den gleichen Trick an wie die zwei Igel in dem Märchen „Der Hase und der Igel".*

5. Wer manipuliert beim Kugelstoßen? Und wie?

   *Beim Kugelstoßen gibt Konkurrent Gerd Gewehr dem Favoriten Kasimir Kanone eine schwerere 9-Kilo-Kugel und keine der üblichen 6-Kilo-Kugeln. Die „Kilo-Zahl" der gestoßenen Kugel ist nur umgedreht (6 = 9)!*

②

## Fall 15

### Wo sind die Osterhasen? Kreise ein.

1. Wer entdeckt die rätselhaften Punkt-zu-Punkt-Bilder? Welche Klasse besucht sie und wie heißt ihre Lehrerin?

   *Die kleine Marie Käfer aus der Klasse 1b entdeckt die rätselhaften Punkt-zu-Punkt-Bilder. Ihre Lehrerin heißt Pia Pinsel.*

2. Wie lautet die verschlüsselte Botschaft? Und welches rätselhafte Punkt-zu-Punkt-Bild entsteht?

   *Die Botschaft lautet: „Wir haben für jedes Kind der Klasse 1b ein Osterei auf dem Fußballplatz der Neu-Schule versteckt. Eure Osterhasen wünschen euch viel Spaß beim Suchen." Es entsteht ein Osterhase.*

3. Wie viele Kinder sind in der Klasse?

   *In der Klasse sind 18 Kinder. Denn in der Botschaft heißt es, dass jedes Kind ein Osterei bekommen soll. Und auf dem Fußballplatz sind 3 Nester mit jeweils 6 Eiern versteckt (3 x 6 = 18).*



Bernd Wehren: Lesen und Schreiben mit Detektiv Pfiffig 4

# Lösungskarten für die Selbstkontrolle: Fälle 16 und 17

Fall 17

①

**Wie heißt das Eiscafé? Kreise ein.**

1. Was ist in dem großen Paket?

   *In dem großen Paket sind viele Bücher: Sach-, Rätsel- und Bilderbücher.*

2. Warum dürfen die Schüler ein Eis essen? Und wo?

   *Die Schüler essen ein Eis im Eiscafé „Venezia“. Lehrer Leo Lupe „gibt einen aus“ und bezahlt das Eis, weil seine Schüler den 2. Platz beim Knobelhausener Lese-Wettbewerb erreicht haben.*

3. Was hat die „böse Bonbon-Bande“ aufgeschrieben?

   *Die „böse Bonbon-Bande“ hat aufgeschrieben: „Heute um Mitter-nacht! Bodos Tür leise knacken! Bonbon-Maschine klauen!“*

Fall 16

②

**Wo ist die gestohlene Schachfigur? Kreise ein.**

1. An welchen Orten im Schulgebäude dürfen die Kinder spielen?

   *Die Kinder spielen in einem der beiden Klassenräume, in der Schulküche, in der Eingangshalle oder im Ruheraum.*

2. Welche Spiele hat Pfiffig mitgebracht?

   *Pfiffig hat diese Spiele mitgebracht: „Wer hat die Lupe versteckt?“, „Wau-Wau“ und „Mensch ärgere dich nicht“.*

3. Bei einigen Spielen haben sich Fehler eingeschlichen. Schreibe drei der insgesamt vier Fehler auf.

   *Ein Würfel hat sechs „6en“. Das Schachbrett hat keine 64 Felder und die Felder sind nicht immer abwechselnd schwarz und weiß gefärbt. Beim Quartett liegt bereits viermal die „8“. Ein Kind hat aber noch eine „8“ auf der Hand. Auf der Domino-Schachtel ist ein falscher Domino-Stein abgebildet.*

# Lösungskarten für die Selbstkontrolle: Fälle 18 und 19

**Fall 18**

①

**Wann genau findet das Fest statt? Kreise ein.**

1. Was feiert man an der Neu-Schule?

   *An der Neu-Schule feiert man das 10-jährige Schuljubiläum.*

2. Was bereiten die Schüler, Lehrer und Eltern alles vor?

   *Sie bereiten Aktionsstände vor. Sie bauen eine Musikbühne, ein Kuchenbüfett und Spiel- und Spaßstationen auf. Sie kochen Kaffee und Tee. Usw.*

3. Was macht Detektiv Pfiffig auf der Schulfeier? Und Fiffi?

   *Pfiffig hat den Stand „Der heiße Draht“ und sein Hund Fiffi einen Stand mit „Hundekuchen“ vorbereitet.*

**Fall 19**

①

**Wie viele Kilometer radeln sie insgesamt?**

**2 x (3,7 km + 6,9 km) = 21,2 km**

1. Was hat die Klasse von Gitti Gitarre vor? Und was geben die Lehrerin und Pfiffig den Kindern aus, wenn alles klappt?

   *Die Klasse von Gitti Gitarre will eine Fahrradtour zum Stadtpark machen. Sie und Pfiffig geben den Kindern ein Eis aus, wenn alles gut klappt.*

2. Wo ist Fiffi?

   *Fiffi sitzt in einem Anhänger, der an Pfiffigs Fahrrad hängt.*

3. An welchem Wochentag hat Gitti Gitarre mit Pfiffig telefoniert?

   *Gitti Gitarre hat an einem Montag mit Pfiffig telefoniert. Denn sie fahren an einem Freitag zum Stadtpark (Werbetafel) und neun Tage zuvor – also an einem Mittwoch – hat sie den Kindern erzählt, dass sie vorgestern mit Pfiffig telefoniert hätte. Und dieser Tag war ein Montag.*

# Lösungskarten für die Selbstkontrolle: Fall 20 und Detektivausweis

**Fall 20**

**Wer hat freien Eintritt ins Schloss?**
**Kinder unter 4 Jahren**

1. Wie viele Personen zelten auf dem Rasen der Neu-Schule?
   *Auf dem Rasen der Neu-Schule zelten insgesamt 24 Personen: 22 Schüler, Lehrer Edgar Engel und Detektiv Pfiffig. Außerdem ist Hund Fiffi dort.*
2. Welche gruselige Überraschung hat Pfiffig für die Kinder?
   *Pfiffig möchte mit den Kindern eine Nachtwanderung zum Knobelhausener Gespensterschloss machen und es besichtigen.*
3. An welchem Wochentag zelten sie?
   *Sie zelten an einem Freitag, da sie morgens noch Unterricht hatten und laut der Preistafel vor dem Schloss dieses nur freitags und samstags bis 1 Uhr nachts geöffnet ist.*

## Detektivausweis

von

______________________

**Diese Fälle habe ich schon gelöst:**

| | |
|---|---|
| Fall 1 | Fall 12 |
| Fall 2 | Fall 13 |
| Fall 3 | Fall 14 |
| Fall 4 | Fall 15 |
| Fall 5 | Fall 16 |
| Fall 6 | Fall 17 |
| Fall 7 | Fall 18 |
| Fall 8 | Fall 19 |
| Fall 9 | Fall 20 |
| Fall 10 | Fall 21 |
| Fall 11 | Fall 22 |

# Detektivurkunde

*Urkunde*

Toll!
Du hast alle Fälle
mit Detektiv Pfiffig gelöst!

Somit darfst du

_______________________________________
(Name)

dich ab heute
**„Detektiv der 4. Lupe** 🔍🔍🔍🔍“
nennen.

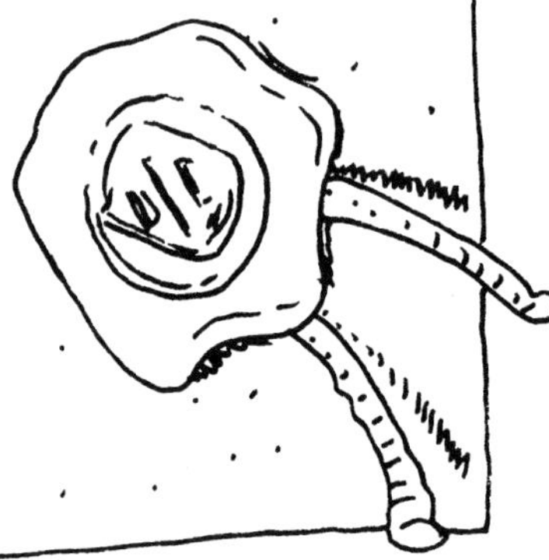

Knobelhausen, den ____________________

Dein Detektiv Pfiffig

# Mini-Kulissen zum Nach- und Vorspielen von Pfiffig-Fällen

1. **Schneide die Mini-Kulissen an den gestrichelten Linien aus.**
2. **Knicke sie an den gepunkteten Linien.**
3. **Spiele bekannte und eigene Pfiffig-Fälle nach und vor.**
4. **Male und bastele eigene Figuren und Mini-Kulissen.**

Bitte im Verhältnis zu den Spielfiguren auf Seite 5 vergrößert kopieren.

# Mini-Kulissen zum Nach- und Vorspielen von Pfiffig-Fällen

1. **Schneide die Mini-Kulissen an den gestrichelten Linien aus.**
2. **Knicke sie an den gepunkteten Linien.**
3. **Spiele bekannte und eigene Pfiffig-Fälle nach und vor.**
4. **Male und bastele eigene Figuren und Mini-Kulissen.**

Bitte im Verhältnis zu den Spielfiguren auf Seite 5 vergrößert kopieren.